HERVÉ ASQUIN

LE JUGEMENT DERNIER

LA COUR EUROPÉENNE DES DROITS DE L'HOMME

Ultime recours contre les dérives autoritaires et populistes

préface de Laurent Fabius

l'Archipel

Un livre présenté par Liliane Delwasse

Notre catalogue est consultable à l'adresse suivante :
www.editionsarchipel.com

Éditions de l'Archipel
92, avenue de France
75013 Paris

ISBN 978-2-8098-4092-6

Pour Ariel

Weißt du was Wotan will? Das Ende.
(« Sais-tu ce que veut Wotan ? La fin. »)

Theodor W. Adorno,
Le Nouvel Extrémisme de droite, 1967
(Climats, 2019)

« Pour qu'on ne puisse abuser du pouvoir,
il faut que, par la disposition des choses,
le pouvoir arrête le pouvoir. »

Montesquieu,
De l'esprit des lois, 1748

Préface

Le 21 janvier 1959, la Cour européenne des droits de l'homme (CEDH) était mise en place pour garantir ce que Jürgen Habermas a appelé l'« utopie réaliste » d'après-guerre, selon laquelle les droits de l'homme, loin d'être un idéal qui n'engage à rien, doivent se traduire de manière effective dans la vie des habitants de la grande Europe. L'idée remarquable des auteurs de la Convention européenne des droits de l'homme de 1950, base de la CEDH, était d'instituer un système de contrôle afin que les droits et libertés qu'elle garantit ne soient pas illusoires.

Soixante-cinq ans plus tard, la Cour est devenue un véritable organe judiciaire qui veille sur le bien commun de quelque 700 millions d'Européens : les libertés fondamentales des femmes et des hommes. Produisant au fil des ans un effet amplificateur sur les droits de l'homme, la Cour est devenue parallèlement la cible d'attaques croissantes, venant généralement de ceux qui s'en prennent aussi aux juges nationaux et à l'ordre juridique européen. Dans ce contexte, à l'heure de la montée du brutalisme et du retour de la guerre en Europe, l'ouvrage très documenté d'Hervé Asquin – qui nous mène de la genèse aux défis, des grandes ambitions aux grandes décisions de la Cour – montre avec précision combien la CEDH est unique et précieuse.

Protection des droits des personnes homosexuelles, répression du viol entre époux, obligation de pénaliser les violences conjugales, droit à l'assistance d'un avocat dès le placement en garde à vue, stigmatisation des conditions inhumaines et dégradantes de détention, suppression de l'inégalité de traitement des enfants adultérins, protection de la liberté de la presse, protection des données à caractère personnel, consécration du droit à négociation collective... toutes ces évolutions ne se sont pas produites sans débats. Elles montrent comment la Cour s'est peu à peu constituée en protectrice des droits fondamentaux des citoyens européens, en particulier les plus vulnérables. Le titre de l'ouvrage du juge français Jean-Paul Costa, qui fut président de la Cour, en rend bien compte : *La Cour européenne des droits de l'homme. Des juges pour la liberté*[1].

Dans le même temps, la critique selon laquelle le mécanisme européen de protection des droits de l'homme affecterait la souveraineté des États et leur capacité à répondre aux attentes de leurs concitoyens a pris de l'ampleur, y compris de la part de responsables qui n'en étaient pas coutumiers. Cette critique oublie souvent que la compétence de la CEDH est subsidiaire et qu'il ne s'agit pas d'un troisième degré de juridiction. Sa compétence s'appuie sur l'idée d'une souveraineté solidaire. D'une part, la Cour forme un bouclier contre la tentation de ces « passagers clandestins » de l'État de droit qui tenteraient de se débarrasser des grands principes du droit, lesquels garantissent la stabilité et l'influence qu'apporte à nos nations la dimension européenne. D'autre part, la Cour aide les États à se dégager de certains archaïsmes qui défigurent

1. Dalloz, 2013 ; 2017.

nos valeurs communes profondes, tout en rappelant leur liberté d'appréciation pour résoudre les nouvelles questions de société.

Parfois même, cette critique peut être dangereuse. Comme j'ai coutume de le dire, si l'on peut bien sûr modifier l'état *du* droit, on ne doit pas mettre en cause l'État *de* droit. Dans le vertige qui saisit l'Europe et le monde, les institutions – les juges en particulier – doivent être à la hauteur et avoir pour réflexe d'ériger l'État de droit contre l'état de guerre, au risque sinon, pour reprendre les mots justes de la CEDH, de « détruire la démocratie, au motif de la défendre ».

En réalité, l'Europe de la justice doit être conçue comme un espace de dialogue entre le juge européen et le juge national. Chaque juridiction suit sa trajectoire, mais ce qui nous unit compte plus que ce qui nous différencie. Un dialogue constant doit exister entre les juges. Il s'est renforcé depuis l'entrée en vigueur en France en 2010 de la question prioritaire de constitutionnalité (QPC) qui ouvre, à l'occasion de tout litige, le droit de recours individuel contre toute disposition jugée contraire aux droits et libertés que la Constitution garantit. Ce dialogue sans paroles a trouvé son prolongement dans la désignation du Conseil constitutionnel français comme haute juridiction nationale au sens du protocole n° 16 à la Convention, qui permet d'adresser des demandes d'avis à la Cour. Dans le respect de chaque juridiction, le dialogue existe, même s'il doit se renforcer.

J'ai eu l'honneur de présider la COP21 qui a conduit à l'Accord de Paris sur la lutte contre le changement climatique, défi existentiel de notre temps auquel la CEDH et l'ensemble des juges nationaux et internationaux sont, eux aussi, confrontés. Au moment où j'écris cette préface, on ignore ce que seront les décisions de la Cour dans les trois affaires climatiques actuellement pendantes devant la Grande Chambre, sa formation la plus solennelle. Dans l'une d'entre elles – l'affaire « Duarte Agostinho et autres » –, de jeunes requérants portugais reprochent à leur pays et à trente-deux autres États membres de ne pas respecter l'Accord de Paris et de contribuer aux vagues de chaleur qui affectent leurs droits à la santé et à la vie. Si, comme juges, nous n'avons bien sûr pas à nous substituer aux gouvernements et aux organisations internationales, nous portons une responsabilité commune pour aider à relever ce défi. Le travail du juge suppose désormais un effort d'anticipation dans le sens d'une « justice pour l'avenir » où les choix destinés aux besoins du présent ne compromettent pas la capacité des générations futures à satisfaire les leurs.

C'est en pensant à ces générations futures que mon ami, le regretté Robert Badinter, s'exprimait récemment en ces termes : « Les citoyens et justiciables européens ont, sur l'ensemble du continent européen, plus de garanties de leurs droits fondamentaux qu'aucun autre continent. Alors, pour une Europe si déchirée et si ravagée par les passions, par le totalitarisme toujours menaçant sous des visages divers et qui a connu tant de crimes contre l'humanité et foulé si souvent les libertés aux pieds, je dis [...] que maintenant il appartient évidemment à la nouvelle génération de continuer cette œuvre entreprise et de l'améliorer encore. »

C'est bien le défi que nous devons relever.

Laurent FABIUS

Avant-propos

Voyage au bout de la justice

Qu'on « coupe le cordon » et c'en sera fini de cette « camisole », lance Marine Le Pen. Qu'on « en sorte », exhorte François Fillon lors de la primaire de la droite, en 2016. « Cette Cour européenne des droits des terroristes, ça commence à bien faire ! », tweete la tête de liste du Rassemblement national pour les élections européennes de 2019 et 2024, Jordan Bardella...

Depuis soixante ans, la Cour européenne des droits de l'homme (CEDH) [1] est aussi méconnue qu'indispensable. Ultime garde-fou contre les dérives autoritaires et de la justice dans quarante-six nations européennes [2], elle forme l'esquisse judiciaire des États-Unis d'Europe dont rêvait Churchill au sortir de la Seconde Guerre mondiale. Au fil des ans, la CEDH est devenue pour plus de 700 millions d'Européens, de l'Atlantique au détroit de Béring, le dernier rempart contre les atteintes aux droits de l'homme.

---

1. Dans cet ouvrage, la Cour européenne des droits de l'homme sera désignée indifféremment par l'abréviation CEDH ou sous le nom de Cour de Strasbourg.
2. Le Conseil de l'Europe, maison mère de la CEDH, a compté jusqu'à quarante-sept membres, avant que la Russie n'en soit exclue après l'invasion de l'Ukraine en 2022.

Elle n'en est que plus détestée par la cohorte de ses pourfendeurs, proie facile car silencieuse face au tombereau de *fake news* dont elle est la cible.

Haïe par les populistes, vomie par l'extrême droite, ignorée des Français, la CEDH agit comme un épouvantail, un repoussoir. Conservateurs, nationalistes, souverainistes, adversaires du conformisme bien-pensant, de Bruxelles, des élites déconnectées, du multilatéralisme, du droit-de-l'hommisme : tous se retrouvent pour dénoncer un « cheval de Troie » du droit anglo-saxon qui mettrait en péril notre insurpassable ordre juridique latin et menacerait notre souveraineté, tout en propageant une idéologie libérale honnie. La CEDH, assurent-ils, c'est le gouvernement des juges. Pire, le gouvernement des juges européens. La fin de nos particularismes.

Étrange renversement des valeurs qui voudrait que cette cour soit devenue un instrument de censure et d'oppression, l'exact contraire de son objet.

Dans l'esprit de ses pères fondateurs, la CEDH, portée sur les fonts baptismaux en 1959, se voulait « une conscience qui sonne l'alarme[1] », à l'heure où l'urgence était de conjurer le cauchemar nazi. Cette alarme retentit encore de nos jours et même un peu plus fort depuis quelques années. Ce qui paraissait acquis – la marche irréversible vers la démocratie et l'État de droit – ne cesse de ployer, voire de reculer sous les coups de boutoir du populisme et du nationalisme. Dans le nouveau monde des Trump, Orbán, Salvini, Poutine

1. Pierre-Henri Teitgen, commission préparatoire du Conseil de l'Europe, Comité des ministres, Assemblée consultative, 11 mai - 8 septembre 1949 ; extraits publiés *in* P.-H. Teitgen, *Aux sources de la Cour et de la Convention européenne des droits de l'homme*, Bordeaux, Confluences, 2000.

et Erdoğan, la défense des droits de l'homme n'est plus très en vogue...

En 2014 déjà, David Cameron, ulcéré par une décision de la Cour qui condamnait la Grande-Bretagne pour son refus d'accorder le droit de vote aux détenus, avait menacé d'en sortir. Un rêve partagé désormais par une large frange de la droite française et par l'extrême droite, partout en Europe.

Paradoxe des paradoxes, les plus farouches adversaires de la construction européenne et de la défense des droits fondamentaux n'hésitent pas à saisir la CEDH quand leurs intérêts personnels sont en jeu, dans une sorte d'hommage contrarié. Le néonazi Anders Breivik, sinistre auteur de la tuerie de l'île d'Utoya en 2011, a ainsi tenté d'obtenir la condamnation de la Norvège, invoquant ses conditions de détention (pourtant exemplaires) ; et la famille de John Demjanjuk a réclamé (sans succès, fort heureusement) le remboursement des frais de justice engagés lors du procès de cet ancien criminel de guerre nazi. Quant à Jean-Marie Le Pen, il en appelait régulièrement à la CEDH, tout en maudissant les institutions européennes...

Du côté des conservateurs, l'hostilité s'inscrit plutôt dans une certaine idée du souverainisme. « En France, la seule Cour suprême qui existe, c'est le peuple français », disait le général de Gaulle, refusant de reconnaître la compétence de la CEDH. Et ce n'est qu'en 1981 que François Mitterrand et Robert Badinter, dans un même élan, aboliront la peine de mort et reconnaîtront pleinement le rôle de la Cour, accordant à chaque citoyen français la faculté de la saisir individuellement.

Alors, faut-il abdiquer, accepter avec résignation que soit jetée aux orties cette gardienne de la démocratie, socle de notre identité judiciaire depuis des décennies ?

Ce livre est un livre de combat contre les tenants du chacun pour soi. Son fil conducteur est la défense et l'illustration du multilatéralisme dont, tout comme la Cour internationale de justice de La Haye ou celle de Luxembourg, avec lesquelles elle est souvent confondue, la CEDH est l'expression irremplaçable. Est-elle imparfaite ? Certes. Est-elle perfectible ? Assurément. Mais est-elle indispensable ? Sans nul doute.

Pour cette juridiction sans équivalent à travers le monde, la Convention européenne des droits de l'homme dont elle est la gardienne est un « instrument vivant » – et donc progressiste – qui doit être interprété à la lumière des « conditions de vie actuelles ». Pour des millions de citoyens européens et de résidents étrangers sur le sol de la « Grande Europe », cela n'a rien d'anecdotique : il en va de leurs droits fondamentaux, parfois de leur liberté, voire de leur vie.

1

La genèse

C'est une filiation philosophique, religieuse et historique qui plonge ses racines dans la morale chrétienne, le siècle des Lumières, le contrat social, l'humanisme, « les droits naturels, inaliénables et sacrés de l'Homme[1] ». C'est aussi un cheminement obstiné, méthodique, dans le tumulte des combats, dans cette apocalypse qui fera de la Seconde Guerre mondiale le conflit le plus sanglant de l'Histoire. Face à l'hitlérisme triomphant et à la barbarie, des voix s'élèvent pour rappeler que, sans respect des droits fondamentaux, il n'y a point de démocratie. Ce sont celles de Winston Churchill et Franklin D. Roosevelt.

Dans ce monde en fusion, l'urgence est de faire front, au sens guerrier et figuré du terme, pour construire les fondations d'un nouvel ordre mondial dont les vertus cardinales seraient la paix, la démocratie et les droits de l'homme. Cette vaste entreprise empruntera deux chemins parallèles, plus complémentaires que concurrents, avec un point commun : la personne de Churchill.

1. Déclaration des droits de l'homme et du citoyen de 1789.

De la Charte de l'Atlantique à la Déclaration universelle des droits de l'homme

La première voie est ouverte le 6 janvier 1941 par Roosevelt devant le Congrès américain, à l'occasion de son discours annuel sur l'état de l'Union. Au « nouvel ordre tyrannique » de l'Allemagne nazie et de ses alliés, le président américain oppose quatre « libertés fondamentales » dont chacun devrait jouir « partout à travers le monde » : les libertés d'expression, de religion, de vivre à l'abri du besoin, mais aussi de la peur. Cette vision, assure-t-il, n'est pas celle d'un « millénaire lointain », mais « le fondement d'un monde à la portée de notre temps et de notre génération ». Loin de se laisser submerger par la noirceur des temps présents, l'homme du New Deal incarne ce jour-là la dimension messianique, quasi prophétique, de la fonction présidentielle aux États-Unis.

Le 9 août 1941, le Premier ministre britannique et le président américain se retrouvent à bord du *Prince of Wales*, un navire de guerre de la Couronne britannique. Le cuirassier croise au large de Terre-Neuve, en pleine bataille de l'Atlantique. Cette rencontre au sommet des deux grandes puissances du monde libre jette les bases du nouvel ordre mondial qu'elles entendent bâtir sur les décombres de la Société des nations.

Bien sûr, il y a encore loin de la coupe aux lèvres : des dizaines de millions de morts, une apocalypse mondiale, la Shoah, Hiroshima... Et il faut encore faire preuve de beaucoup d'imagination pour songer à des lendemains meilleurs. Mais Roosevelt et Churchill partagent un même sens de l'Histoire.

Le message qu'ils délivrent au monde s'oppose trait pour trait à la politique expansionniste et tyrannique de l'Allemagne nazie. Les deux dirigeants renoncent à toute velléité d'« expansion territoriale », proclament la liberté des peuples à choisir la « forme » de leur gouvernement, le principe du libre accès « aux marchés mondiaux et aux matières premières »... Leur déclaration commune entrera dans l'Histoire comme la Charte de l'Atlantique.

Quelques mois plus tard, le 7 décembre 1941, l'attaque surprise de la flotte américaine par l'aviation japonaise à Pearl Harbor précipite l'entrée en guerre des États-Unis. Les Alliés resserrent les rangs. Début janvier, les « quatre grands » (États-Unis, Royaume-Uni, Union soviétique et Chine) publient une nouvelle déclaration pour entériner les principes de ce texte fondateur. Vingt-deux gouvernements apposent leur signature au bas du document. « Convaincus qu'une victoire totale sur leurs ennemis est essentielle pour défendre la vie, la liberté, l'indépendance et la liberté de religion, pour préserver les droits de l'homme et la justice », ils s'engagent dans « une lutte commune contre les forces sauvages et brutales qui cherchent à soumettre le monde ».

Le 14 août 1942, un pas supplémentaire est franchi à l'occasion du premier anniversaire de la Charte. Roosevelt fait du « respect des droits de l'homme et de la justice » l'un des principes fondamentaux des « Nations unies », qu'il faut encore entendre au sens des Alliés ligués contre les forces de l'Axe (Allemagne, Italie et Japon).

Au bout de ce processus viendra la création de l'Organisation des Nations unies proprement dite, puis sa *Déclaration universelle des droits de l'homme*, proclamée le 10 décembre 1948 par cinquante des cinquante-huit États qui constituaient alors son Assemblée générale, réunie au palais de Chaillot, à Paris. « Tous les hommes naissent libres et égaux en dignité et en droits », proclame son article premier, inspiré de la Révolution française[1]. Aucun État ne vote contre, mais l'Union soviétique et ses satellites s'abstiennent, opposant les « droits réels », économiques et sociaux, des masses qu'ils sont censés incarner aux « droits bourgeois », individuels, des Occidentaux.

La *Déclaration* de l'Onu, devenue celle de l'humanité tout entière, est brandie depuis par les défenseurs des droits de l'homme comme les Tables de la Loi.

Mais elle souffre d'une lacune originelle : dénuée de « force contraignante », nul ne peut l'invoquer devant un juge. Le bloc soviétique, résolument opposé à la création d'une Cour internationale des droits de l'homme, y trouve son compte. Les Occidentaux aussi, peu enclins à offrir aux nations qu'ils colonisent encore une arme juridique susceptible de se retourner contre eux. Ainsi, pendant des décennies, la déclaration de l'Onu demeurera essentiellement incantatoire et symbolique, quelles qu'aient été ses prétentions universelles.

Hugo et le rêve des « États-Unis d'Europe »

D'où la portée de la seconde initiative, promue par les nations européennes, plus modeste dans ses ambitions territoriales, mais bien plus ambitieuse dans ses effets juridiques.

Là encore, il convient de revenir aux sources. Laissons donc à Hugo ce qui appartient à Hugo. L'écrivain en avait rêvé tout haut. C'était le 21 août 1849, devant le Congrès des amis de la paix. Élu président de cette noble assemblée, il s'adressait aux nations européennes belligérantes d'alors. « Un jour viendra, commença-t-il dans une puissante anaphore, où les armes vous tomberont

1. « Les hommes naissent et demeurent libres et égaux en droits. »

des mains, [...] où la guerre paraîtra aussi absurde et sera aussi impossible entre Paris et Londres, entre Pétersbourg et Berlin, entre Vienne et Turin [...], un jour viendra où vous Russie, vous Italie, vous Angleterre, vous Allemagne, vous toutes, nations du continent, sans perdre vos qualités distinctes et votre glorieuse individualité, vous vous fondrez étroitement dans une unité supérieure, et vous constituerez la fraternité européenne».

Naîtront ainsi «deux groupes immenses, les États-Unis d'Amérique et les États-Unis d'Europe, placés face à face l'un de l'autre, se tendant la main par-dessus les mers, échangeant leurs produits, leur commerce, leur industrie, leurs arts, leurs génies, défrichant le globe, colonisant les déserts, améliorant la création sous le regard du Créateur, et combinant ensemble, pour en tirer le bien-être de tous, ces deux forces infinies, la fraternité des hommes et la puissance de Dieu!». Hormis «la puissance de Dieu», l'essence du projet européen était là, mue par la force inégalable du verbe hugolien.

La version «moderne» de ce vaste programme voit le jour le 21 octobre 1942. Quelques mois plus tôt, le Pacte germano-soviétique a volé en éclats. Fins stratèges, Churchill et de Gaulle en sont persuadés: tôt ou tard, l'Allemagne nazie s'effondrera. Prises en tenaille entre l'Armée rouge, à l'est, et les fronts que les Alliés ouvriront à l'ouest et au sud, les armées d'Hitler courent à leur perte. C'est une fatalité, même si, pour le moment, le monde vit des heures sombres. Ce qui n'empêche nullement Winston Churchill, en cet automne 1942, de se projeter lui aussi dans l'avenir et de livrer ses réflexions à son ministre des Affaires étrangères, Anthony Eden.

«Difficile de le dire dans les circonstances actuelles», écrit-il, mais «j'attends avec impatience les États-Unis d'Europe dans lesquels les frontières entre les nations seraient grandement allégées et des déplacements sans restrictions possibles». Les «États-Unis d'Europe»: nous n'y sommes pas encore. Voilà pourtant l'horizon lointain tracé par le grand homme.

Quatre ans plus tard, les ruines du conflit sont encore fumantes quand le désormais ex-Premier ministre britannique, (odieusement) renvoyé sur les bancs de l'opposition conservatrice par ses compatriotes ingrats après avoir gagné la guerre, prononce son célèbre «discours à la jeunesse étudiante» à l'Université de Zurich. «Je veux vous parler aujourd'hui de la tragédie de l'Europe», commence-t-il ce 19 septembre 1946, avec ce génie rhétorique qui lui vaudra le prix Nobel de littérature quelques années plus tard.

Pour «tourner le dos aux horreurs du passé», Churchill appelle, d'une voix culottée par de légendaires excès de whisky et de cigares, à «reconstituer la famille européenne» afin de préserver «la paix, la sécurité et la liberté». Une vision prophétique et autoréalisatrice, dirait-on aujourd'hui avec un brin de nostalgie pour une époque où la parole politique était encore féconde. Ce vaste projet, poursuit Churchill, passerait par la création de «quelque chose comme les États-Unis d'Europe», dont le premier pas serait un Conseil de l'Europe formé autour d'un noyau constitué de la France et de l'Allemagne, devenues «partenaires».

C'est l'un de ses grands discours, de ceux qui changèrent la face du monde. Il n'est pas encore question d'une Cour européenne des droits de l'homme, mais l'ancien Premier ministre britannique appelle déjà à faire «place à la justice et à la liberté», autrement dit à l'État de droit. La première pierre de l'édifice est posée.

Churchill porte ce projet dans un contexte de Guerre froide naissante. Il s'agit d'unir l'Europe face aux tentations hégémoniques de l'URSS. L'Europe, fait-il valoir, est « le berceau du christianisme et de la morale chrétienne, le point de départ de la plus grande partie de la culture, des arts, de la philosophie et de la science du passé et du présent ». Et « si l'Europe pouvait s'entendre pour jouir de cet héritage commun, il n'y aurait pas de limite à son bonheur, à sa prospérité, à sa gloire, dont profiteraient ses trois ou quatre cents millions d'habitants ».

Ce grand discours, écrit à la ligne claire, s'achève sur une exhortation : « *Let Europe arise*[1] *!* »

Lentement, mais sûrement, Churchill creuse son sillon. Il pose un second jalon le 7 mai 1948 au Congrès du Mouvement européen, à La Haye, dont il est le président d'honneur et qui réunit sept cent quarante délégués de dix-huit pays européens. « Depuis que j'ai abordé ce sujet à Zurich en 1946, déclare-t-il, [...] les événements ont porté notre cause au-delà de nos attentes. [...] Nous visons si possible la participation de tous les peuples européens dont la société et le mode de vie ne s'opposent pas à une Charte des droits de l'homme et à l'expression sincère d'une démocratie libre. »

Parmi les délégués du Congrès de La Haye figurent Konrad Adenauer, le premier chancelier de l'Allemagne fédérale élu l'année suivante, et un certain François Mitterrand, jeune politicien français alors âgé d'une trentaine d'années. Devenu président de la République, ce dernier s'en souviendra, de retour sur ces lieux qui marquèrent l'histoire de la construction européenne pour célébrer le quarantième anniversaire de ce Congrès. À l'époque, dira-t-il, « quelques hommes avaient déjà

1. « Qu'advienne l'Europe ! »

imaginé qu'à partir de là il fallait reconstruire un monde. Ils avaient à mes yeux, on peut le supposer, l'immense prestige des créateurs, des fondateurs, des inventeurs. [...] Oui, on est en droit de s'émerveiller de cela lorsque l'on revient à 1948 avec des parlementaires de bonne volonté, mais qui n'en étaient pas moins revêtus peu de temps auparavant de l'uniforme de soldats qui s'entretuaient ».

Quarante ans plus tard, François Mitterrand, président-littérateur, se livre ainsi à un ardent plaidoyer en faveur du renforcement des institutions européennes devant les « dignes successeurs de ceux qui étaient là, que j'entendais, qui inventaient et qui imaginaient, encore fourbus par les efforts d'une guerre où chacun d'entre nous avait apporté sa part de sang et de malheur[1] ».

Vers « l'unité continentale »

Mais revenons à l'après-guerre. En février 1949, le Congrès de Bruxelles décide de confier à l'un de ses comités la rédaction d'une première ébauche d'une Convention européenne des droits de l'homme. Il est déjà question de créer une cour dotée du pouvoir d'annuler les décisions des juridictions nationales qui seraient contraires à la dizaine de droits fondamentaux définis par cette convention.

Le Conseil de l'Europe est créé le 5 mai 1949 par le traité de Londres. Ses dix membres fondateurs sont la Belgique, le Danemark, la France, l'Irlande, l'Italie, le Luxembourg, les Pays-Bas, la Norvège, la Suède et le Royaume-Uni. Quatre autres pays les rejoignent

1. François Mitterrand, allocution au Congrès de La Haye, 7 mai 1988.

rapidement : la Grèce, la Turquie, l'Islande et l'Allemagne. Le projet est ambitieux : promouvoir « une action commune dans les domaines économique, social, culturel, scientifique et administratif, ainsi que [...] la sauvegarde et le développement des droits de l'homme et des libertés fondamentales ». Ces derniers objectifs deviendront bientôt les principaux marqueurs de l'organisation.

Strasbourg est choisie pour abriter son siège et celui de toutes ses composantes, moins pour le symbole de la réconciliation franco-allemande, comme se plaisent à le croire les Strasbourgeois, que pour l'éloignement de cette cité, à l'écart de toutes les grandes voies de circulation et des centres du pouvoir. Le gouvernement britannique, travailliste, aurait ainsi espéré contenir l'influence de la nouvelle institution...

Mais c'est oublier un peu vite Churchill. Le vieux lion a de la suite dans les idées et, le 12 août 1949, il pose un troisième jalon, à Strasbourg justement, s'adressant en français à la foule immense massée sous les fenêtres de l'Aubette, un élégant bâtiment de grès rouge qui flanque la place Kléber, le cœur battant de la capitale alsacienne profané sous l'Occupation par les oriflammes à croix gammée de l'occupant nazi.

« Prenez garde, je vais parler français ! » Cette *opening joke*, prononcée dans la langue de Molière avec un irrésistible accent anglais, lui assure instantanément la complicité de la foule. Puis il enchaîne : « Dans cette ville ancienne et encore marquée par les blessures de la guerre, nous sommes réunis pour former une assemblée qui, nous l'espérons, sera un jour le Parlement de l'Europe. » Sous les acclamations, Churchill célèbre « l'inépuisable génie de l'Europe » et promet « une époque de paix, de prospérité, de plénitude », véritable « inspiration » pour le reste du monde.

La place de cette « Europe unie » sera quelque part entre « la puissante République au-delà de l'Atlantique et des États souverains qui sont membres de l'Empire et du Commonwealth des nations britanniques », prophétise-t-il.

Ses « conceptions morales » inspireront « le respect et la reconnaissance de l'humanité », avec une « force physique » telle « que personne n'osera la molester dans sa tranquille marche vers l'avenir », poursuit-il un peu plus tard devant la première cession de l'assemblée consultative de la nouvelle institution. « J'espère que nous deviendrons l'une des unités continentales qui formeront les assises de l'organisation de la sécurité mondiale et qui constitueront la meilleure garantie du maintien de la paix », insiste Churchill, présidant la deuxième session.

Cette « unité continentale » pèserait « collectivement dans l'organisation du monde plutôt que les États à titre individuel ». Et cette Europe, prend-il soin de préciser, ne serait en aucune manière « rivale de l'organisation mondiale », l'Onu. Des décennies plus tard, tout ceci n'a pas pris une ride.

L'Assemblée parlementaire du Conseil de l'Europe (APCE) balbutiante qui voit alors le jour à Strasbourg ressemble comme deux gouttes d'eau à ce qu'elle est aujourd'hui encore, dénuée de « pouvoir exécutif », mais dotée du « pouvoir de formuler des propositions », des « recommandations » au service de « l'unité » du continent.

Un « machin », comme le dira quelques années plus tard le souverainiste de Gaulle à propos de l'Onu. Mais une première historique aussi. Jamais encore une organisation intergouvernementale ne s'était dotée d'un organe législatif. Il deviendra l'aiguillon politique de son exécutif, le Comité des ministres.

Dans un même mouvement, Churchill appelle aussi de ses vœux la création d'une « Cour de justice européenne devant laquelle les cas de violation des droits de l'homme intervenus dans notre groupe de douze nations pourraient être soumis au jugement du monde civilisé ». Cette fois, nous y sommes.

Résister à la pression de l'empire soviétique

Tout au long de ce processus, la main de Churchill ne tremble guère. Mais le geste est subtil. 1949 est aussi l'année de la création de l'Otan et celle où le blocus de Berlin imposé par Staline est surmonté grâce au pont aérien déployé par Washington. L'URSS teste cette année-là aussi sa première bombe atomique, et aux États-Unis, le maccarthysme s'apprête à faire ses premières victimes.

Mais le vieux lion a, comme bien souvent, quelques coups d'avance. C'est ainsi qu'après avoir exprimé son aversion pour le communisme, il entrouvre la porte aux pays du bloc soviétique, manière de ne pas insulter l'avenir. Un jour peut-être, ceux-ci rejoindront le concert des nations démocratiques. Il faudra attendre la chute de l'URSS dans les années 1990 pour que ce grand dessein se réalise. Le Conseil de l'Europe, colosse aux pieds d'argile, étendra alors son empire de Reykjavik au détroit de Béring – aux confins de la Sibérie orientale et de l'Alaska –, au bénéfice de plus de 830 millions d'Européens. Avec, pour fer de lance, la Cour européenne des droits de l'homme, chargée de veiller au respect par les États membres de la Convention de sauvegarde des droits de l'homme et des libertés fondamentales.

Celle-ci, communément appelée par la suite Convention européenne de droits de l'homme, est adoptée le 4 novembre 1950 par ses États membres réunis à Rome[1]. Entrée en vigueur le 3 septembre 1953, elle est l'héritière en ligne directe de la *Déclaration universelle des droits de l'homme* de 1948 et de l'insurpassable *Déclaration des droits de l'homme et du citoyen* de 1789, avec son article premier fulgurant : « Les hommes naissent et demeurent libres et égaux en droits. »

Dès lors, le Conseil de l'Europe marchera sur ses deux jambes : unité de l'Europe continentale et défense des droits humains. La première fera plutôt de lui une sorte de forum diplomatique, rejoint depuis par trente-cinq autres pays parmi lesquels, après la chute du mur de Berlin, la Fédération de Russie – jusqu'à son exclusion en mars 2022, après l'invasion de l'Ukraine.

Mais la seconde, la Cour européenne des droits de l'homme, son bras judiciaire, créée en 1959 et qui siège également à Strasbourg, sera dotée d'un réel pouvoir. La CEDH concourra ainsi au grand dessein churchillien : une Europe libre et démocratique, unie pour peser dans le concert des nations et résister à la pression de l'empire soviétique. Elle permettra, pour la première fois dans l'Histoire, à de simples citoyens, mais aussi à des étrangers résidents dans les États membres du Conseil, et quelle que soit leur nationalité, de poursuivre ces États et d'obtenir leur condamnation lorsque leurs droits fondamentaux, définis par la Convention européenne des droits de l'homme, auront été violés.

Ce pouvoir demeure encore sans équivalent dans le reste du monde. Aucune autre juridiction internationale ne le possède.

1. *Cf.* annexe en fin d'ouvrage, p. 191.

2

Une certaine idée du multilatéralisme

Ils ont eu en commun la volonté de faire triompher le droit sur l'arbitraire, l'universel sur l'identitaire, le progrès sur la réaction, le multilatéralisme sur l'unilatéralisme, le citoyen sur « l'État Léviathan[1] ». Alain Poher, François Mitterrand, Robert Badinter et, plus modestement, Emmanuel Macron ont concouru à faire de la CEDH ce qu'elle est aujourd'hui : une juridiction au service de chaque citoyen français.

Mais à tout seigneur, tout honneur : c'est à René Cassin, figure de proue du multilatéralisme et de l'humanisme, qu'il convient de rendre le premier hommage.

Une vie de combat pour les droits de l'homme

Né en 1887 dans une famille juive de Nice, « cruellement offensé[2] » par l'affaire Dreyfus, étudiant en droit brillantissime, René Cassin a fait du combat pour les

1. Le philosophe anglais Thomas Hobbes (1588-1679) prônait un contrat social entre un État fort, le Léviathan (référence au monstre de l'Ancien Testament), régime monarchique qui assurerait la paix civile et la protection de ses sujets en échange de leur soumission au souverain.
2. Conférence de réception du prix Nobel de la paix, 11 décembre 1968.

droits de l'homme le combat d'une vie, couronné par le Nobel de la paix en 1968. Cassin est une « légende du siècle », un « professeur d'espoir », un « apôtre du droit international », dira de lui François Mitterrand, présidant la cérémonie du transfert de ses cendres au Panthéon, le 5 octobre 1987, un siècle jour pour jour après sa naissance.

Combattant de la Grande Guerre, grièvement blessé au front, fondateur de l'une des premières associations d'anciens combattants, René Cassin tend dès 1921 la main aux vétérans allemands, un geste de réconciliation sans précédent. En 1940, l'appel du 18 juin à peine lancé, il rejoint de Gaulle à Londres, parmi les tout premiers, quand les magistrats, à une exception près, Paul Didier, prêteront serment de fidélité au maréchal Pétain. Devenu ministre du gouvernement de la France libre, Cassin prend la tête de son service juridique et rédige à ce titre les accords de Gaulle-Churchill du 7 août 1940 qui verront le gouvernement britannique reconnaître la France libre comme seule organisation représentative de la France en guerre. Il est nommé au Conseil de défense de l'Empire à sa création en octobre 1940, puis commissaire à la Justice et à l'Instruction publique du Comité national français en septembre 1941, autrement dit ministre de la Justice et de l'Éducation nationale de la France libre.

Vingt-sept membres de sa famille périssent en déportation, dont sa sœur et son beau-frère. Lui-même est en butte à l'antisémitisme débridé du régime de Vichy et parfois aussi de ses pairs. « Je dus remettre énergiquement à sa place le secrétaire de la Faculté [...] qui eut l'audace [...] de se faire l'écho des injures proférées par le chef de la maison contre ceux de ses collègues d'origine israélite[1] », se souviendra-t-il.

---

1. René Cassin, *Les Hommes partis de rien*, Plon, 1974.

Rallié au régime du maréchal Pétain, Georges Ripert, doyen de la Faculté de droit, a révoqué celui dont il était l'ami avant-guerre, avant de devenir l'exécuteur zélé du premier statut des juifs. Mais sur les murs de la faculté, après les manifestations étudiantes du 11 novembre 1940, un slogan fleurit : « Mort à Ripert, vive Cassin ! »

Vichy le prive de sa nationalité française, offense suprême pour un homme viscéralement patriote. Le tribunal militaire de la 13e région, à Clermont-Ferrand, le condamne à mort par contumace pour trahison, le 13 décembre 1942. Mais, recevant le prix Nobel en 1968, Cassin empruntera au premier lauréat du prix, Sully Prudhomme, pour proclamer : « Je tiens de ma patrie un cœur qui la déborde. Et plus je suis français, plus je me sens humain. »

Au lendemain de la Seconde Guerre mondiale, il ne désarme pas. Le voici donc au côté d'Eleanor Roosevelt, présidente de la Commission des droits de l'homme de l'Onu tout au long de l'année 1948, « grand-père », disait-il, de la *Déclaration universelle des droits de l'homme*, mais en réalité bien plus que cela. Il sera son père spirituel, le rédacteur de sa première version. Cette déclaration sera une « lueur d'espoir pour l'humanité », disait aussi celui qui aimait se présenter comme un « fantassin des droits de l'homme » ; mais qui, bien davantage, était plutôt un commandant en chef. Vice-président du Conseil d'État de 1944 à 1960, président de la Commission des droits de l'homme des Nations unies en 1955 et 1956, membre du Conseil constitutionnel de 1960 à 1971 et, enfin, juge à la Cour européenne des droits de l'homme de 1959 jusqu'à sa mort, le 20 février 1976, René Cassin la présidera même de 1965 à 1968.

Une présidence baroque : il exerce cette fonction alors que la France n'a pas adhéré à la Convention européenne des droits de l'homme qu'elle a inspirée sans la ratifier. Ainsi la cour siège-t-elle à Strasbourg sous la houlette d'un Français dont le pays, « patrie des droits de l'homme », refuse à ses propres citoyens la protection de cette juridiction. « Cassin avait des états d'âme à présider une cour à laquelle son pays se soustrayait », observera bien des années plus tard Robert Badinter, résumant ce paradoxe d'une jolie formule : « La France se targue d'être la patrie des droits de l'homme », mais elle n'est que la « patrie de la *Déclaration des droits de l'homme*[1]. »

Dans son discours de panthéonisation, François Mitterrand le notera de la même manière : « N'était-il pas en effet étrange qu'en sa personne, un Français présidât la Cour européenne des droits de l'homme, chargée de veiller à l'application d'une convention que la France se refusait alors à ratifier ? C'était bien le moins que la France s'imposât à elle-même les règles dont elle affirmait l'universalité. »

Une longue attente

Aujourd'hui encore, le regard malicieux de René Cassin, avec sa barbe blanche à la Victor Hugo soigneusement taillée, croise celui du visiteur quand il se dirige vers le bureau du président de la CEDH. L'éminent juriste rêvait d'un ordre international fondé sur le respect des droits de l'homme, « seul devoir[2] » de l'État selon lui. Il n'y est pas tout à fait parvenu à l'Onu ; mais il y parviendra dans cette « Grande Europe » où la CEDH

1. Robert Badinter, « La France et la Cour européenne des droits de l'homme », conférence du 16 mars 2011 au Conseil de l'Europe.
2. Intervention de René Cassin à la Conférence interalliée de Saint James Palace, Londres, 24 septembre 1941.

apportera aux individus la protection que leurs juridictions nationales leur refusent parfois, arrachant des pans de souveraineté aux États qu'elle serait autorisée à condamner. Avec la CEDH, l'État tout puissant, « l'État Léviathan contre l'homme et la communauté humaine[1] », comme le disait Cassin, a vécu. Un contre-pouvoir est installé, l'un de ces contre-pouvoirs sans lesquels les déclarations des droits de l'homme ne resteraient que des déclarations et sans lesquels, au fond, il n'y a point de véritable démocratie.

« Sur la route de la tyrannie, il faut des contre-pouvoirs », l'État n'ayant « pas tous les droits, même dans les limites de ses propres frontières », résumera Guido Raimondi, l'un des successeurs de Cassin à la tête de la CEDH[2].

La légitimité des urnes n'est pas un blanc-seing et la séparation des pouvoirs exécutif, législatif et judiciaire, l'indispensable garde-fou contre des dérives qui mènent au totalitarisme. « Pour qu'on ne puisse abuser du pouvoir, il faut que, par la disposition des choses, le pouvoir arrête le pouvoir », écrivait Montesquieu[3].

S'exprimant pour la première fois devant l'Assemblée générale des Nations unies, le 20 septembre 2017, Emmanuel Macron ne s'y trompe pas. Le jeune président français, fraîchement élu, entame son discours par un hommage à ceux qui, « il y a un peu plus de soixante-dix ans, se sont levés contre un régime barbare qui s'était emparé de mon pays, la France », et qui, « la guerre finie,

1. *Nouveaux Cahiers*, avril 1940.

2. Guido Raimondi, « René Cassin, l'homme de la situation », *Revue trimestrielle des droits de l'homme*, 28e année, n° 112, octobre 2017.

3. *De l'esprit des lois*, 1748, chapitre IV.

ont osé la réconciliation et ont reconstruit un nouvel ordre international». Ceux-là avaient «compris que les droits de l'homme étaient au cœur de la légitimité internationale». Mais il n'en citera qu'un seul: René Cassin.

Quand il accompagne à l'été suivant les cendres de Simone Veil au Panthéon, Emmanuel Macron évoque «quatre grands personnages de notre histoire» qui l'y ont précédée, citant de nouveau le grand juriste avant même Jean Moulin, Jean Monnet et André Malraux.

Un second hommage doit être rendu à Alain Poher, qui dépose les instruments de ratification de la Convention européenne des droits de l'homme par la France le 3 mai 1974 auprès du Conseil de l'Europe. Il aura donc fallu patienter près d'un quart de siècle pour que la patrie des droits de l'homme se décide enfin à embrasser une Convention que Robert Schuman, grande figure de la construction européenne, avait signée en son nom dès 1950 à Rome. Elle sera le dernier membre fondateur du Conseil à le faire.

Le centriste Alain Poher, à la fois proche collaborateur et disciple de Robert Schuman, avait présidé à la fin des années 1960 l'Assemblée parlementaire européenne, ancêtre du Parlement européen. Mais c'est en sa qualité de président du Sénat qu'il avait déposé ces instruments, assurant pendant cinquante-cinq jours l'intérim de la présidence de la République après le décès de Georges Pompidou, emporté par la maladie qui le rongeait.

Cette ratification n'aura toutefois que valeur de symbole, la France refusant à ses citoyens le droit de saisir individuellement la Cour. Parmi les seize membres que comptait alors le Conseil de l'Europe, seuls Chypre, Malte et la Turquie avaient adopté cette position pour le moins frileuse. Conséquence: seul un État tiers aurait pu poursuivre la France devant la CEDH. Cela n'arrivera jamais et la Cour ne sera ainsi saisie pendant de longues années encore d'aucune requête la visant.

« La vérité, c'est que vous craignez que ce soit de France que vienne le plus gros contingent de requêtes contre les abus en matière de garde à vue, de détention, d'expulsions, de refus de droit de réponse », lancera à l'adresse du gouvernement le sénateur communiste Serge Boucheny au cours des débats parlementaires.

Avec un enthousiasme pour le moins mesuré, le porte-parole du gouvernement, Jean-Philippe Lecat accueillera ainsi cette ratification : « La France n'a certes pas grand-chose à apprendre dans le domaine des droits de l'homme, qui sont garantis par ses lois nationales, mais nous considérons qu'il s'agit là d'un geste européen[1]. »

À l'époque, déjà, le « gouvernement des juges » fait figure d'épouvantail. Mais Georges Pompidou, s'il avait été le Premier ministre de de Gaulle, n'en était pas moins favorable à la construction européenne, promulguant avant sa mort la loi qui devait permettre cette ratification. Et, en coulisses, René Cassin était à la manœuvre, usant de toute son influence pour convaincre les parlementaires.

Puis vint l'ère Mitterrand. Chacun se souvient de l'abolition de la peine de mort à l'été 1981, dans l'euphorie de l'élection du premier président de gauche depuis vingt-trois ans. Mais qui se souvient de la décision prise le même jour d'ouvrir aux citoyens français le droit de saisir individuellement la CEDH ? Ce geste, racontera Robert Badinter, aura été sa « plus grande satisfaction » après l'abolition. « Les gouvernements

1. Propos rapporté par Philippe Boucher, « Les obstacles disparus », *Le Monde*, 2 février 1973.

précédents avaient toujours refusé d'accorder ce droit aux justiciables français, d'abord en raison de la guerre d'Algérie, puis par crainte de voir mises en cause les juridictions et les lois d'exception adoptées après 1968 » comme la Cour de sûreté de l'État, rappelle-t-il ; mais il en allait d'une « question de dignité pour la France[1]. »

« Sans la CEDH, la civilisation européenne ne pourrait pas se targuer d'être ce qu'elle est. Sans vous [les magistrats de la Cour, les avocats, les juristes], nous n'apparaîtrions pas comme un continent phare. Je suis un Européen convaincu et je dirai même un européen intégriste[2] ! », ajoutera l'ancien garde des Sceaux.

Robert Badinter et le ministre délégué aux Affaires européennes, André Chandernagor, s'étaient rendus en personne à la Cour pour y lever, le 2 octobre 1981, les réserves qui interdisaient encore aux justiciables français de la saisir individuellement. Ils y « furent reçus triomphalement... et non sans soulagement », racontera Jean-Paul Costa[3], ancien juge et président français de la CEDH.

À sa manière, Emmanuel Macron ajoutera sa pierre à l'édifice. Le jeune président a témoigné d'emblée son attachement à la Cour. Élu le 7 mai 2017, il reçoit son président Guido Raimondi dès le 13 juin, avant d'assister à une audience solennelle fin octobre. S'il n'est pas le premier président français à visiter le siège de la CEDH, il aura été le premier à s'y exprimer.

---

1. Entretien avec Josyane Savigneau, *Le Monde*, 18 mars 2011.
2. Robert Badinter, « La France et la Cour européenne des droits de l'homme », conférence du 16 mars 2011 au Conseil de l'Europe.
3. *Le Président de la Ve République et les libertés*, ouvrage collectif, CNRS Éditions, 2017.

Devant la Cour, il célèbre cette juridiction qui « a fait des droits de l'homme le bien commun de toute l'Europe ». Et, au détour de son discours fleuve, il annonce la ratification par la France du protocole 16 additionnel de la Convention, qui autorise les plus hautes juridictions des États membres du Conseil de l'Europe à adresser des demandes d'avis consultatifs à la CEDH avant même de rendre leurs décisions. Un temps précieux est ainsi gagné et bien des péripéties judiciaires épargnées aux justiciables. Au passage, la France, dixième État à ratifier ce protocole, a permis son entrée en vigueur.

Symboliquement, la Cour de cassation française sera la première juridiction à saisir la CEDH au titre de ce nouveau droit. Elle le fera sur une question particulièrement sensible : la gestation pour autrui (GPA), offrant aux juridictions françaises, dont la position paraissait sans issue, une porte de sortie juridique[1]. C'est là une des grandes vertus de la justice internationale, et non des moindres.

Emmanuel Macron plaidera aussi, s'exprimant devant l'APCE, le 1er octobre 2019 à Strasbourg, pour une adhésion de l'Union européenne à la Convention européenne des droits de l'homme, afin, dira-t-il, de reconstruire l'unité du continent autour du « socle » de ses « valeurs communes ». Cette adhésion est une obligation depuis l'entrée en vigueur du traité de Lisbonne. Serpent de mer depuis les années 1970, elle semblait sur le point d'aboutir en 2013 lorsque l'ensemble des États membres de l'Union européenne, tous par ailleurs adhérents à titre individuel du Conseil de l'Europe, s'étaient déclarés favorables à l'adhésion.

1. Voir chapitre 8, p. 95.

Mais, l'année suivante, le processus avait connu un brusque coup d'arrêt, la Cour de justice de l'Union européenne s'y opposant contre toute attente. Son assemblée plénière, autrement dit sa formation la plus solennelle, avait relevé toute une série d'obstacles juridiques, contestant en premier lieu que la CEDH puisse exercer un contrôle sur le droit de l'Union européenne et n'empiète ainsi sur ses compétences. Elle redoutait aussi que, devenue une « partie contractante » du Conseil de l'Europe, Bruxelles puisse être poursuivie par un État membre du Conseil, même extérieur à l'Union.

Relancées en 2020, les négociations se poursuivent. Elles se sont conclues « au niveau technique » en mai 2023, achoppant encore sur la question de la politique étrangère et de sécurité commune de l'Union européenne qui échappe au contrôle de la CJUE. Si ces négociations devaient finalement aboutir, les particuliers pourraient poursuivre les institutions de Bruxelles devant la Cour de Strasbourg qui exercerait ainsi un contrôle du respect des droits fondamentaux par ces mêmes institutions. En retour, l'Union européenne, tout comme les quarante-six États membres du Conseil, disposerait d'un juge à la CEDH, désignerait une délégation du Parlement européen à l'APCE et participerait au Comité des ministres du Conseil de l'Europe. Bref, les deux frères ennemis de la construction européenne conjugueraient enfin leurs forces pour le bien commun.

3

Une certaine idée du souverainisme

De Gaulle n'avait pas vraiment l'Europe chevillée au corps. « On peut sauter sur sa chaise comme un cabri en disant, l'Europe, l'Europe, l'Europe ! Mais ça n'aboutit à rien et ça ne signifie rien », s'exclame-t-il en 1965 dans une interview télévisée restée célèbre. Du Conseil de l'Europe, il parlera avec une once de dédain, mais non sans raison comme d'une « belle endormie sur les bords du Rhin ».

Plus qu'une certaine idée du souverainisme, le Général caressait « une certaine idée de la France ». Son grand dessein : restaurer la grandeur d'un pays humilié par la défaite de 1940 et la tache de la Collaboration, le réintégrer dans le concert des grandes puissances, le doter de l'arme nucléaire, conquérir un siège de membre permanent au Conseil de sécurité de l'Onu… Tout ceci n'allait pas de soi au lendemain de la Seconde Guerre mondiale. Mais la feuille de route était claire. Et elle supposait que la France fît cavalier seul, se distinguât, affirmât sa souveraineté. Ce « splendide isolement » ne faisait guère bon ménage avec le projet européen. D'où la défiance à l'égard de la CEDH, dont on redoutait aussi qu'elle ne soulevât la question des droits des « populations autochtones » dans les colonies, remît en question la sacro-sainte laïcité de l'école française, le monopole de l'audiovisuel public ou s'immisçât entre les pouvoirs exécutif et législatif. Plus tard, la guerre d'Algérie et son cortège de violations des droits de l'homme – exécutions sommaires, arrestations arbitraires, enlèvements, torture... – allaient tenir la France durablement à l'écart de cette Cour qu'elle abritait pourtant sur son sol.

État de droit ou « État de faiblesse » ?

Mais la France d'aujourd'hui n'est pas celle de de Gaulle. Et l'on peine à discerner en quoi l'acharnement des souverainistes de toutes obédiences à déconstruire l'édifice et l'idéal européen formerait un dessein gaullien dont ils se réclament parfois. Leur agenda est d'une autre nature : tourner le dos aux valeurs européennes, à l'État de droit et aux droits humains. N'est pas de Gaulle qui veut.

Souverainistes, mais aussi nationalistes, populistes, conservateurs en mal d'électeurs et autres leaders d'extrême droite (ce sont parfois les mêmes) s'y retrouvent. Aussi sûrement que les prairies fleurissent au printemps, la « sortie de la CEDH » refait immanquablement surface en période électorale. Qu'on y songe : des juges européens siégeant dans une instance supranationale d'inspiration anglo-saxonne, protectrice de l'État de droit mais surtout de celui des individus, et du « droit-de-l'hommisme » : la condamnation est acquise.

D'une même voix, les contempteurs de la Cour « accusent volontiers l'institution de diluer les identités nationales ou locales, de protéger les assassins ou de désarmer les honnêtes gens », résume Jean-Luc Sauron[1].

Les attentats djihadistes de 2015 contre la rédaction de *Charlie Hebdo*, L'Hyper Casher de la porte de

1. Jean-Luc Sauron, « La Cour européenne des droits de l'homme, protectrice critiquée des "libertés invisibles" », Fondation pour l'innovation politique (Fondapol), octobre 2019.

Vincennes, le Bataclan et les terrasses parisiennes auront largement contribué à ce *bashing*, plongeant la société française dans un désarroi tel que les atteintes aux libertés fondamentales passent pour un mal nécessaire. Le poison populiste infuse.

En 2018, selon une enquête Ipsos Global Advisor, près d'un tiers des Français estimaient que « les seules personnes qui bénéficient des droits sont celles qui le méritent le moins, comme les criminels et les terroristes ».

« On relève dans ces chiffres une association construite dans les esprits depuis 2015 à la faveur des débats sur l'état d'urgence, entre État de droit et État de faiblesse, et sur les risques qui pèsent sur la société », note encore Jean-Luc Sauron.

Cette petite musique d'une défense des droits de l'homme qui ne profiterait qu'aux criminels et aux terroristes n'est ni nouvelle ni l'apanage de la France. Au Royaume-Uni, David Cameron avait entonné ce refrain dès 2014, quand la CEDH avait condamné son pays qui refusait obstinément d'accorder le droit de vote aux détenus. « Nous n'avons pas besoin de recevoir des instructions de juges à Strasbourg » ; il faut « rétablir la souveraineté de Westminster », lançait alors celui qui précipitera quelques années plus tard son pays dans l'aventure du Brexit.

Jean-Marie Le Pen et la CEDH : je t'aime, moi non plus

À l'époque déjà, Marine Le Pen approuvait. « Oui, je pense qu'on pourrait couper le cordon [avec la CEDH] », disait-elle[1]. Cinq ans plus tard, en janvier 2019, présentant ses vœux à la presse à l'orée de la campagne des

1. Interview à France Inter, 5 octobre 2014.

élections européennes, la présidente du Rassemblement national voyait même en elle une « camisole ». Ce qui n'empêchait nullement son père, autrefois, de recourir à cette camisole dès que ses intérêts ou ceux de son clan étaient en jeu. Et ce n'est pas le moindre des paradoxes.

En juin 2001, la CEDH rejetait une requête du leader du Front national contre une condamnation à trois mois d'emprisonnement avec sursis, 5 000 francs d'amende et un an d'inéligibilité pour « violences en réunion » contre la maire de Mantes-la-Ville (Yvelines) Annette Peulvast-Bergeal, lors de la campagne des législatives de 1997.

En octobre 2007, une fois n'est pas coutume, ce sont ses détracteurs qui étaient déboutés par la Cour. Celle-ci estimait que la justice française n'avait pas violé la liberté d'expression de Mathieu Lindon, auteur du *Procès de Jean-Marie Le Pen*, de son éditeur Paul Otchakovsky-Laurens et du directeur de publication de *Libération*, Serge July, lorsqu'elle les avait condamnés pour diffamation à des amendes et des dommages-intérêts. Dans ce roman dont *Libération* avait publié des extraits, Mathieu Lindon qualifiait le leader frontiste de « chef d'une bande d'assassins » et de « vampire » se nourrissant « du sang de ses ennemis ».

Rappelant que Jean-Marie Le Pen avait été condamné pour provocation à la haine raciale, injures et apologie de crime de guerre, la CEDH notait qu'il s'était ainsi lui-même exposé à « une critique sévère ». Toutefois, assimiler un individu, fût-il un homme politique, à un « chef de bande de tueurs » outrepasse les limites admises, même si la critique à l'égard d'un homme politique peut être plus large que pour un particulier, estimait-elle , à l'unisson des juridictions françaises, dans un arrêt tout en nuances.

Au fil des années, Jean-Marie Le Pen est devenu un fidèle « client » de la Cour. En 2010, une autre de ses requêtes est jugée « irrecevable ». Cette fois, il conteste une condamnation de 2005 à verser 10 000 euros d'amende pour « provocation à la discrimination, à la haine, à la violence envers un groupe de personnes à raison de leur origine ou de leur appartenance ». « Le jour où nous aurons non plus cinq millions mais vingt-cinq millions de musulmans, ce seront eux qui commanderont », avait-il déclaré dans un entretien au *Monde*, le 19 avril 2003. Tout en soulignant l'importance de la liberté d'expression dans le débat politique, la Cour estimait que ces propos donnaient une image inquiétante de la communauté musulmane prise dans son ensemble, au risque de susciter un sentiment de rejet et d'hostilité.

Toujours en 2005, Jean-Marie Le Pen avait soutenu que l'Occupation allemande n'avait pas été « particulièrement inhumaine[1] ». Reconnu coupable d'« apologie de crimes de guerre » et de « contestation de crime contre l'humanité » et condamné à 10 000 euros d'amende et trois mois de prison avec sursis par la justice française, il saisit une nouvelle fois la CEDH. Son avocat, Me Wallerand de Saint-Just, dit espérer que le leader du Front national trouvera devant les juges européens « un climat plus favorable » que devant les juridictions nationales. Peine perdue. En octobre 2016, la cour de Strasbourg le déboute, estimant cette condamnation « fondée sur des motifs pertinents et suffisants ».

Rebelote en mars 2017, quand elle juge irrecevable sa requête contre une condamnation à 5 000 euros d'amende, prononcée en décembre 2013 par le tribunal correctionnel de Paris pour une « plaisanterie » sur

1. Entretien accordé le 7 janvier 2005 à l'hebdomadaire d'extrême droite *Rivarol*.

les Roms. « Nous, nous sommes comme les oiseaux, nous volons naturellement », avait-il lancé lors d'une université d'été de son parti. « Loin de se limiter à un simple trait d'humour détaché de tout contexte politique et d'intention stigmatisante à l'égard de la communauté rom », ces propos « étaient susceptibles de susciter un sentiment de rejet et d'hostilité envers cette communauté », concluent une nouvelle fois les juges de Strasbourg.

En avril 2018 encore, condamné à verser 30 000 euros d'amende pour avoir réaffirmé que les chambres à gaz étaient un « détail de l'histoire de la Seconde Guerre mondiale[1] », Jean-Marie Le Pen envisage une nouvelle fois de saisir la CEDH, se disant victime d'une « atteinte à la liberté d'expression ». Il y renoncera finalement.

Marine Le Pen et l'« opt-out »

Le cas de Marine Le Pen est un peu différent. Toute à son entreprise de dédiabolisation du Front national, devenu le Rassemblement national en 2018, l'héritière du parti surveille davantage son langage, évitant soigneusement les dérapages antisémites ou racistes trop voyants chers à son père. Mais, n'ayant d'autre ligne politique qu'un désir ardent de conquérir l'Élysée, elle fait de la CEDH un épouvantail, se montrant plus ou moins acrimonieuse au gré des saisons et des conjonctures politiques.

À la tribune de l'Assemblée nationale, le 15 février 2018, la présidente du Rassemblement national fustige une « structure supranationale », un « gouvernement des juges » et, qui plus est, des « juges étrangers ».

1. Interview au Grand Jury RTL-*Le Monde*, 13 septembre 1987.

L'occasion lui en a été donnée par le débat sur la ratification du protocole 16, additionnel à la Convention européenne des droits de l'homme, qui doit permettre aux juridictions suprêmes des quarante-sept pays membres du Conseil de l'Europe de saisir la CEDH pour avis.

Cette « nouvelle atteinte à la souveraineté de la France » témoigne de la place « exorbitante » prise par la CEDH dans l'ordre judiciaire, tonne Marine Le Pen à la tribune du Palais Bourbon. « Où sont la souveraineté et la sécurité de la France lorsqu'elle est condamnée à verser des milliers d'euros à des pirates somaliens qui s'étaient attaqué à des bateaux français ? Où est la souveraineté de la France quand la CEDH nous oblige à reconnaître une fausse filiation aux enfants nés de GPA, alors même que cette pratique est interdite en France[1] ? », s'interroge-t-elle encore, avant de dénoncer « une force de désarmement massive des États », par l'un de ces glissements sémantiques dont l'extrême droite a le secret.

La CEDH, poursuit-elle, « est devenue un organe politique extrêmement puissant, grisé par son pouvoir exorbitant : pas de légitimité démocratique et aucun compte à rendre ». Pour finir, Marine Le Pen empreinte à la Russie de Poutine l'idée de donner le dernier mot aux juridictions nationales pour « inscrire dans notre Constitution que la Constitution est la norme suprême de l'ordre juridique français et que, de ce fait, aucune décision ne pourrait aller à l'encontre ». En d'autres termes, il s'agit de rejoindre Moscou et les démocraties illibérales européennes dans leur refus d'accorder au droit international la primauté sur le droit interne des États.

Ironie de l'Histoire, cette diatribe se nourrit d'une *fake news* qui voudrait que la CEDH ait reconnu le délit

---

1. Voir chapitre 8, p. 121.

de blasphème en approuvant la condamnation d'une Autrichienne qui avait accusé le prophète Mahomet de pédophilie[1]. Marine Le Pen y fait allusion, jugeant « inouï, intolérable » que la Cour « tolère le délit de blasphème et fixe presque les règles du totalitarisme ».

Le 25 octobre 2020, invitée du Grand jury RTL-LCI-*Le Figaro*, légère inflexion : la présidente du Rassemblement national se prononce en faveur d'un « opt-out », autrement dit d'un désengagement de la France de certains articles de la Convention européenne des droits de l'homme. Cette procédure existe certes, mais au sein de l'Union européenne, parfaitement étrangère à la Cour de Strasbourg et sa maison mère, le Conseil de l'Europe. Elle serait de surcroît impossible, s'agissant d'expulser un individu susceptible d'être soumis à la torture ou à des traitements inhumains ou dégradants dans le pays de destination[2].

Le revirement qui va suivre n'en sera, en apparence du moins, que plus spectaculaire. Poursuivant son entreprise de dédiabolisation, et comme elle l'avait fait après avoir prôné la sortie de l'euro, des accords de Schengen ou même de l'Union européenne lors de sa campagne de 2017, Marine Le Pen, invitée de Jean-Jacques Bourdin sur RMC en mai 2021, juge soudainement qu'il n'est pas « utile » de sortir de la Convention européenne des droits de l'homme. On peut « beaucoup faire avec » la Cour, affirme-t-elle, non sans dénoncer à nouveau une « dérive » de sa jurisprudence et appeler à revoir son « périmètre ». L'ambiguïté demeure donc.

En janvier de la même année 2021, la patronne du Rassemblement national ira jusqu'à emprunter à la

1. Voir chapitre 9, p. 138.
2. François Lefebvre et Tania Racho, *Les Surligneurs*, 28 octobre 2020.

CEDH pour contester la dissolution d'un groupuscule d'ultradroite, Génération identitaire, par le ministre de l'Intérieur Gérald Darmanin. Pour ce faire, elle invoque une jurisprudence de la Cour relative à la liberté d'expression des journalistes, quoique totalement étrangère à la liberté d'expression d'une organisation de cette nature. Il est toujours plaisant d'entendre l'extrême droite défendre avec ardeur la liberté d'expression… de l'ultradroite.

À droite, la CEDH comme repoussoir

Dans la même veine, le polémiste d'extrême droite Éric Zemmour fait feu de tout bois lors de sa campagne présidentielle de 2022. Le 19 janvier, sur le site de l'ancienne jungle de Calais, là même où les migrants s'entassaient dans des conditions innommables dans l'espoir de rejoindre l'Eldorado britannique, il expose sa vision de l'Europe où « l'État de droit est devenu aujourd'hui le paravent du gouvernement des juges et la possibilité pour ces juges, étrangers et français, de nous imposer leur vision idéologique ».

« Nous réaffirmerons la primauté du droit national sur le droit européen. Le Parlement français et donc le peuple français auront à nouveau toujours le dernier mot. […] Et personne, ni à la Commission européenne, ni au Conseil européen, ni à la Cour de justice de l'Union européenne, ni à la Cour européenne des droits de l'homme, non, personne ne sera en droit de s'opposer à la volonté du peuple français car il en va de la démocratie et, surtout, de la survie de notre pays », martèle-t-il.

Celui qui a fait un temps illusion, au point d'être considéré comme un possible successeur de Marine Le Pen, n'en avait pas moins saisi lui aussi la CEDH, contestant sa condamnation à 3000 euros d'amende par la justice française pour provocation à la discrimination et à la haine religieuse envers la communauté musulmane française, pour des propos tenus en 2016 au cours d'une émission télévisée. « Nous vivons depuis trente ans une invasion, une colonisation qui entraîne une conflagration », avait-il déclaré[1]. Il sera débouté en décembre 2022 par la CEDH.

Sur les tréteaux électoraux, la droite conservatrice n'est pas en reste. Elle fera même de la détestation de la Cour de Strasbourg l'un de ses thèmes de prédilection de la primaire pour la présidentielle de 2017, se livrant à un véritable concours d'attaques en règle. « Si je suis élu président de la République, je proposerai la modification [de la Convention européenne des droits de l'homme] parce que j'affirme que rien ne justifie plus qu'on n'expulse pas les terroristes étrangers, les prêcheurs de haine et des délinquants », lance Nicolas Sarkozy, qui tente de retrouver l'Élysée, cinq ans après en avoir été chassé par les électeurs.

Ce qui ne l'empêchera guère d'en appeler lui aussi à la CEDH deux ans plus tard, lorsqu'il sera poursuivi dans l'affaire dite « des écoutes ». On entendra alors le même Nicolas Sarkozy invoquer la jurisprudence de la Cour « qui rappelle qu'à aucun moment, en aucune façon, sous aucun prétexte, on ne peut écouter la conversation d'un client avec son avocat[2] ». Condamné à trois ans de prison dont un ferme en correctionnelle dans cette affaire, il se dit prêt à saisir la Cour pour que « triomphent le droit et la justice, comme cela devrait se produire dans un État de droit ». Et de jurer, la main sur le cœur : « Ce serait

1. « C à vous », France 5, 16 septembre 2016.
2. Entretien accordé à l'hebdomadaire *Le Point*, 26 juin 2019.

pour moi une souffrance que d'avoir à faire condamner mon propre pays, mais j'y suis prêt car ce serait le prix de la démocratie. » Finalement, Nicolas Sarkozy ne saisira jamais la CEDH et l'affaire en restera là.

Alain Juppé lui-même cédera à la tentation. Prônant un assouplissement des conditions d'exercice de la légitime défense dans la police, celui qui fait figure d'Européen convaincu prévient que « si la Convention européenne des droits de l'homme ne l'autorise pas, il faudra qu'on la modifie et qu'on s'engage fortement dans ce domaine[1] ». Le même Alain Juppé s'était pourtant inquiété quelques semaines plus tôt, dans une interview au *Monde*, de la volonté de Nicolas Sarkozy de s'affranchir de la CEDH. « On peut faire des effets de manche avant l'élection, mais, au final, personne ne va violer la Constitution ! Par ailleurs, qui imagine la France sortir de la Convention européenne des droits de l'homme ? », s'interrogeait-il[2]. Mais pris dans le feu de la campagne…

De son côté, tout à sa quête de l'électorat conservateur catholique, François Fillon, vainqueur de la primaire et en lice pour l'Élysée, se montre plus radical encore, avant que sa campagne présidentielle ne sombre, emportée par le scandale du « Penelopegate », l'emploi fictif de son épouse Penelope. « La CEDH se mêle de plus en plus des questions qui font notre identité, assène-t-il devant ses troupes. On ne peut l'accepter. Je proposerai que la France quitte la CEDH. »

Quatre ans plus tard, c'est Michel Barnier qui se « distingue » lors d'une nouvelle primaire de la droite. L'ancien commissaire européen, négociateur du Brexit

1. Deuxième débat télévisé de la primaire de la droite, 3 novembre 2016.
2. Interview au quotidien *Le Monde*, 23 septembre 2016.

et infatigable avocat de la construction européenne, est alors en mal de notoriété. À la stupéfaction générale, il retourne soudainement sa veste. Souhaitant que la France retrouve sa « souveraineté juridique », il la dit menacée « en permanence d'un arrêt ou d'une condamnation de la Cour de justice européenne ou de la Convention des droits de l'homme, ou d'une interprétation de notre propre institution judiciaire[1] » et se discrédite ainsi définitivement.

Petits et grands arrangements avec la morale

Au-delà de ces campagnes électorales, Les Républicains continueront de creuser ce sillon, dans le double but de se démarquer du macronisme et de surenchérir sur l'extrême droite. Un cap est ainsi franchi le 20 mai 2023 par leurs leaders, Éric Ciotti, président du parti, et les présidents des groupes parlementaires LR à l'Assemblée et au Sénat, Olivier Marleix et Bruno Retailleau, lorsqu'ils présentent deux propositions de loi pour « mettre un coup d'arrêt à l'immigration de masse ». Répondant aux questions du *Journal du dimanche*, leur discours calque celui de l'extrême droite. « Au cours des dernières décennies s'est mise en œuvre une révolution juridique silencieuse, soutient Bruno Retailleau. Le pouvoir n'est plus entre les mains du Parlement, mais entre celles des Cours suprêmes : Conseil constitutionnel, Cour européenne des droits de l'homme… »

« Si nous ne modifions pas la Constitution, nous aurions beau voter des lois au Parlement, elles seraient aussitôt contredites par ce gouvernement des juges », fustige-t-il. Constatant que « l'article 11 de la

---

1. Journées parlementaires des Républicains, Nîmes, 9 septembre 2021.

Constitution ne permet pas d'organiser un référendum sur la politique migratoire», il souhaite modifier la loi fondamentale pour y inscrire «la possibilité de déroger à la primauté des traités et du droit européen avec une loi organique, votée dans les mêmes termes par les deux assemblées ou approuvée par référendum, quand "les intérêts fondamentaux de la nation" sont en jeu».

Les Républicains rejoignent ainsi sans états d'âme le camp des régimes populistes européens, pourfendeurs de l'ordre international, qu'il s'agisse de la Hongrie du Premier ministre Viktor Orbán ou de la Pologne des frères Kaczyński.

«Quand le juge s'exonère de la loi, il faut qu'une loi organique permette d'intervenir. Sinon, c'est dire aux Français que le pouvoir n'appartient plus à leurs représentants, que la souveraineté populaire n'est plus le principe fondateur de la démocratie», renchérit Bruno Retailleau. Lequel dit «se retrouver» dans un entretien accordé au *Point* par Laurent Wauquiez, candidat putatif de LR à la présidentielle de 2027. Ce dernier y dénonçait «un État profond», concept cher à Donald Trump, évoquant même sans sourciller le «coup d'État organisé par les cours suprêmes[1]», qu'il s'agisse de la Cour de cassation, du Conseil d'État, de la Cour de justice de l'Union européenne, de la CEDH et même du Conseil constitutionnel.

D'aucuns qualifieront cette rhétorique de bonapartiste, mais le mal est bien plus profond puisqu'elle s'aligne sur le discours de la droite extrême, celui d'un Éric Zemmour dont il s'agit évidemment de courtiser les électeurs. Venant d'un homme politique sorti major de

1. «Laurent Wauquiez, le grand entretien», propos recueillis par Nathalie Schuck et Valérie Toranian, *Le Point*, 10 mai 2023.

l'Ena, normalien, agrégé d'histoire et ancien conseiller d'État, cela n'a rien d'innocent.

Les Républicains envisagent ainsi de violer la lettre et l'esprit de la Constitution de 1958 dont l'article 55 consacre l'« autorité supérieure » des traités internationaux et de tourner ainsi le dos à leur héritage gaulliste. Par la même occasion, ils fouleraient aux pieds le traité sur l'Union européenne qui consacre la primauté du droit européen sur le droit interne des États membres, un principe fondateur de l'Union européenne.

Ces petits et grands arrangements avec la morale, avec les engagements internationaux de la France, ce compagnonnage idéologique avec l'extrême droite ont un prix, celui de la compromission. La droite française, atomisée, rongée par ses querelles intestines, cède à la facilité du discours sécuritaire et à la surenchère, faisant *in fine* le jeu de l'extrême droite, « dédiabolisée » parce que banalisée. Elle aura singé son discours et s'y sera perdue car, au fond, les électeurs de Marine Le Pen préféreront toujours l'original à la copie.

Que l'on ne s'y trompe pas. La gauche ne sort pas non plus grandie de cette campagne. Il ne se trouve personne dans ses rangs pour voler au secours de la justice européenne, comme si, depuis Robert Badinter, dernière autorité morale d'un Parti socialiste moribond et déboussolé, aucune relève n'était possible. Et son silence assourdissant face aux assauts de la droite est tout juste accablant.

Le comble du cynisme appartient cependant aux nazis et autres néonazis qui n'ont guère hésité à saisir la CEDH. Tel Anders Breivik, qui avait froidement abattu soixante-neuf personnes sur l'île d'Utøya, en juillet 2011, pour la plupart des adolescents qui participaient à un camp d'été de la Jeunesse travailliste, après avoir perpétré un attentat qui avait fait huit morts dans le quartier gouvernemental d'Oslo. Considérant que ses conditions de détention étaient « inhumaines » et « dégradantes », il avait saisi la Cour en 2017. Celle-ci lui avait répondu sèchement l'année suivante, déclarant sa requête « irrecevable pour défaut manifeste de fondement ». Breivik disposait alors de trois cellules de plus de 10 mètres carrés chacune, équipées d'un téléviseur avec jeux vidéo et lecteur DVD, d'un ordinateur (sans connexion Internet) et d'appareils de musculation.

Dans un registre similaire, la CEDH a débouté en 2019 la famille de l'ancien criminel nazi John Demjanjuk, mort en 2012 et condamné l'année précédente à cinq ans de prison pour avoir pris part au meurtre de plus de vingt-sept mille personnes lorsqu'il était gardien du camp d'extermination de Sobibór, en Pologne, en 1943. Ses proches réclamaient le remboursement de frais de justice…

4

Résurrection

À la fin des années 1980, l'enthousiasme des pionniers s'est estompé. Le grand dessein des pères fondateurs du Conseil de l'Europe, porté sur les fonts baptismaux le 5 mai 1949 à Londres par dix pays, dont la France et le Royaume-Uni, n'est plus qu'un lointain souvenir. La Cour de Strasbourg fonctionne, mais au ralenti. Fille du multilatéralisme, elle est aussi celle du Conseil. Censé incarner la « Grande Europe », celui-ci est relégué dans l'ombre, sinon la pénombre de la Communauté économique européenne (CEE), la « Petite Europe » qui ne cesse de monter en puissance et attire la lumière. Le Conseil ne soulève guère l'enthousiasme des foules et pour une bonne raison : elles en ignorent jusqu'à l'existence. La CEDH fait ainsi figure de fille cachée d'une institution elle-même méconnue, à tort sans doute, puisque le Conseil de l'Europe se distingue aujourd'hui encore de l'Union européenne par sa mission première : assurer la promotion de l'État de droit et de la démocratie parlementaire sur l'ensemble du continent, en être à la fois la vigie et le gardien.

« Mieux vaut inclure qu'exclure »

La chute du mur de Berlin, le 9 novembre 1989, et l'éclatement de l'empire soviétique sonnent le réveil, pour ne pas dire la résurrection de l'institution des bords du Rhin, qui trouve dans cette vaste recomposition du monde une nouvelle raison d'être. Alors que l'Union européenne place très haut la barre de l'adhésion – perspective souvent lointaine, voire hors d'atteinte pour nombre de postulants –, le Conseil ouvre grand ses portes aux anciens satellites de l'URSS et à ses ex-républiques, avides d'ancrer leurs démocraties naissantes ou renaissantes dans l'espace européen et de s'affranchir ainsi du joug de Moscou. Pour beaucoup, le Conseil fait ainsi figure de marchepied et d'antichambre de la Communauté économique européenne (CEE).

La Petite et la Grande Europe cultivent ainsi deux philosophies distinctes de leur avenir. La première entend s'élargir sans s'affaiblir et la seconde considère, selon la devise de Daniel Tarschys, secrétaire général du Conseil de l'Europe de 1994 à 1999, que « mieux vaut inclure qu'exclure ».

Catherine Lalumière, qui l'avait précédé dans cette fonction de 1989 à 1994, après avoir été secrétaire d'État aux Affaires européennes dans le gouvernement de Laurent Fabius, incarne cette volonté d'ouverture. En mars 1990, elle prend son bâton de pèlerin, ou plutôt un avion militaire prêté par les autorités portugaises, pour parcourir en quelques jours ces nations d'Europe centrale et orientale impatientes de rejoindre le giron européen, alors que le rideau de fer s'effondre. À Prague, le dramaturge dissident Václav Havel est porté à la présidence par la « révolution de Velours ». En Roumanie, Nicolae Ceaușescu et sa femme sont exécutés sommairement. En RDA, les premières élections législatives libres sont remportées par la CDU conservatrice du chancelier Kohl…

Le récit que Catherine Lalumière fera de ce périple est savoureux[1]. Début 1990, le ministre portugais des Affaires étrangères, João de Deus Pinheiro, assure la présidence du Comité des ministres du Conseil de l'Europe. Il lui propose de faire ensemble une tournée de ces capitales sur le point de s'affranchir de la « Mère Russie ». « L'idée est d'aller sur place le plus vite possible pour se rendre compte de la situation et déterminer ce que le Conseil peut faire pour aider la transition [démocratique] », se souvient-elle.

Le « bel avion de l'armée portugaise » embarque donc la petite délégation le 1er mars. À Varsovie, où règne « une situation politique étrange », Catherine Lalumière rencontre le général Jaruzelski, encore au pouvoir, mais surtout « les nouveaux dirigeants, ceux de Solidarność et de la Table ronde », le nouveau Premier ministre Tadeusz Mazowiecki et le ministre des Affaires étrangères Krzysztof Skubiszewski, « juriste éminent » qui « connaît parfaitement le Conseil de l'Europe, la Cour internationale de Justice de La Haye, bref, les droits de l'homme et l'Occident ». À ces hommes qui se sont « battus pour l'idéal européen », elle n'a « pas grand-chose à apprendre ». Ils représentent « la nouvelle Pologne, démocratique et ouverte ».

La deuxième étape mène la délégation à Moscou, où elle est reçue par le ministre des Affaires étrangères Édouard Chevardnadze qui fait montre d'une « jovialité souriante », même si l'empire soviétique est en train de s'effondrer. S'inscrivant sans doute dans la ligne arrêtée

---

1. *Artisans de l'Europe. 30 témoignages pour 70 ans d'Histoire 1949-2019*, La Nuée bleue, 2019.

par Mikhaïl Gorbatchev, « il ne semble ni surpris ni choqué par les visites que nous allons faire chez ses alliés-sujets », relève encore Catherine Lalumière.

À Bucarest, l'atmosphère est « surréaliste ». La délégation découvre « une ville morte, sinistre » où « la peur suinte de partout ». Le ministère des Affaires étrangères est défendu par des automitrailleuses et des soldats qui en barrent tous les accès. « Il n'y a plus de gouvernement et nous sommes reçus par des diplomates tout à fait courtois, mais totalement impuissants », se souvient-elle.

À Sofia, en Bulgarie, les autorités – ou ce qu'il en reste – laissent à Catherine Lalumière un « souvenir très flou ». Elles sont « en sursis et ne représentent plus grand-chose ». Il en est tout autrement du groupe d'opposants qui reçoit la délégation, conduit par Jeliou Jelev, futur président bulgare. « Nous sentons là une force nouvelle qui prépare la relève », résume-t-elle.

À Belgrade, le président de ce qui est encore la Yougoslavie se nomme Janez Drnovšek, un modéré qui présidera par la suite la Slovénie. « L'ombre de Tito est encore présente », écrit-elle, ressentant déjà les ferments nationalistes qui mettront l'ex-Yougoslavie à feu et à sang.

À Budapest, elle découvre un pays, la Hongrie, « déjà bien avancé sur la voie des réformes » et qui sera le premier à rejoindre le Conseil de l'Europe dès novembre 1990.

L'odyssée se poursuit à Prague, ville « superbe et noire » où « l'atmosphère est chaleureuse » et « la volonté d'aller de l'avant évidente ». Elle s'achève à Berlin-Est où Catherine Lalumière assiste à « une véritable tragédie ». Le Premier ministre Hans Modrow, communiste réformateur, tentait de sauver ce qu'il restait de la RDA. Mais il rentre à peine de Moscou où Gorbatchev a

« sonné la fin de la partie ». La délégation rencontre « un homme brisé », aux mains « diaphanes et tremblantes », qui confie sa « tristesse de perdre l'idéal communiste qui avait éclairé sa jeunesse » et de « savoir que son pays, la RDA, allait disparaître à brève échéance ».

Les conséquences de ce que Catherine Lalumière nommera joliment une « cavalcade » ne se feront guère attendre. En cinq ans, de 1990 à 1995, le Conseil de l'Europe enregistre les adhésions de la Hongrie, de la Pologne, de la Tchécoslovaquie, de la Bulgarie, de la Slovénie, de l'Estonie, de la Lituanie, de la Roumanie, de la Lettonie, de l'Albanie, de la Moldavie et de la Macédoine. La Fédération de Russie elle-même le rejoint en 1996, tout comme l'Ukraine et la Croatie, puis la Géorgie en 1999. L'Azerbaïdjan, la Bosnie-Herzégovine, la Serbie et le Monténégro suivront jusqu'en 2007. Si bien que le Conseil de l'Europe qui végétait sur les bords du Rhin prend en quelques années une dimension inespérée et qu'il ne reste, sur la carte du continent européen, que deux taches blanches : le Bélarus, dernière dictature du continent qui a bénéficié du statut d'invité spécial de 1992 à 1997, mais a été suspendu par l'Assemblée parlementaire du Conseil de l'Europe (APCR) ; et le Kosovo, jamais reconnu par la Serbie dont il était une province.

Un palais pour les droits de l'homme

Ainsi, en l'espace d'une quinzaine d'années, le Conseil, également rejoint par Andorre et Monaco, double le nombre de ses États membres, passé de vingt-trois à quarante-sept, et réunifie l'Europe. Ce ne sont pas exactement les États-Unis d'Europe dont rêvait Churchill, mais le grand dessein du vieux lion semble sur le point de s'accomplir. Le multilatéralisme incarné par le Conseil de l'Europe, conçu d'abord comme un antidote aux crimes de la Seconde Guerre mondiale, puis en opposition au bloc soviétique pendant la Guerre froide, devient au lendemain de la chute du mur de Berlin le moyen d'arrimer la Fédération de Russie et les ex-satellites de l'URSS aux valeurs européennes.

Cette vaste recomposition géopolitique sonne aussi, et par voie de conséquence, le réveil de la CEDH dont l'autorité juridique s'impose à l'ensemble des membres du Conseil. La Cour voit ainsi soudainement flamber le nombre des requêtes qui lui sont adressées. La croissance est exponentielle : cent trente-huit en 1955, près de deux mille en 1993, plus de cinquante mille en 2008… La CEDH en examinera autant pour la seule année 2009 qu'au cours de ses quarante premières années d'existence. Pour les peuples fraîchement libérés du joug des « démocraties populaires », mais qui peinent encore à faire reconnaître leurs droits dans des États engagés sur les chemins escarpés de la démocratie, elle devient ainsi un recours précieux contre l'arbitraire de législations et de tribunaux qui peinent encore bien souvent à respecter les standards démocratiques du Conseil de l'Europe.

Dès lors, l'impact de la Cour sur la construction de la Grande Europe sera significatif. Tout comme les directives européennes, les arrêts de la Cour ont « force obligatoire ». Mais ses décisions s'imposent également bien au-delà des frontières de l'Union européenne, à la quasi-totalité du continent, jusqu'aux confins de la Russie et de la Turquie avec, pour les quarante-sept États membres du Conseil de l'Europe, l'obligation de transposer tôt ou tard dans leur droit interne la jurisprudence de la Cour.

Dans les jardins de la CEDH, quatre pans de béton du mur de Berlin offerts par la ville de Dresde rappellent symboliquement l'élargissement à marche forcée du

Conseil de l'Europe. Cet élargissement entraînera des conséquences matérielles. La Cour, abritée depuis sa création en 1959 dans les bâtiments exigus du Conseil de l'Europe, bénéficiera rapidement de son propre espace, le Palais des droits de l'homme, érigé dans le quartier européen de Strasbourg. François Mitterrand en pose la première pierre le 4 mai 1992 et, quelques jours plus tard, la reine d'Angleterre Elizabeth II, vêtue d'un tailleur bleu Europe, visite le chantier et plante symboliquement un chêne, prélevé au château de Windsor, dans ce qui deviendra le jardin du nouveau palais.

Mais, alors même que le chantier a débuté, l'architecte britannique Richard Rogers, qui avait remporté avec Renzo Piano le concours du Centre Pompidou à Paris dans les années 1970, doit revoir ses plans. L'afflux de requêtes exige déjà d'agrandir les lieux et deux niveaux sont ajoutés au fier bâtiment à la surface brillante de verre et d'aluminium, dont les deux tours cylindriques évoquent les plateaux de la balance de la Justice.

À présent, la CEDH, dotée d'un budget annuel de l'ordre de 85 millions d'euros[1], compte quelque six cent trente collaborateurs dont une armée de deux cent soixante juristes. Ceux-ci prêtent main-forte à l'âme de la Cour, ses quarante-six juges, un par Etat membre du Conseil de l'Europe.

La tâche est considérable, avec des milliers d'arrêts rendus chaque année. En 2023, on en dénombrait précisément 6 931. Cette même année 2023 a vu affluer 38 260 requêtes dont une grande partie (31 329) ont été déclarées irrecevables ou radiées du rôle. Des radiations

---

1. Budget prévisionnel de 2024, hors frais relatifs au bâtiment et à l'infrastructure, la totalité étant à la charge du Conseil de l'Europe

en grand nombre, que l'on observe d'année en année et qui sont sont généralement dues à des obstacles formels comme le non-épuisement des voies de recours internes ou un exposé insuffisant des violations alléguées de la Convention.

Quant à la nomination des juges de la CEDH, élus pour un mandat non renouvelable de neuf ans par l'Assemblée parlementaire du Conseil de l'Europe, elle suit une procédure rigoureuse avec un nouveau filtre introduit en 2011 par le Comité des ministres du Conseil de l'Europe. Depuis lors, la liste de trois candidats que chaque État doit proposer lors du renouvellement de « son » juge est soumise dans un premier temps à un panel d'experts composés de sept personnalités, pour la plupart des magistrats issus de cours suprêmes nationales, de cours constitutionnelles ou de la CEDH elle-même, en exercice ou honoraires. Ce panel exige des candidats qu'ils présentent une « très grande expérience professionnelle et des qualifications incontestables pour l'exercice d'une haute fonction judiciaire sur le plan international », autrement dit « une expérience professionnelle de longue durée à un niveau élevé ».

Si la liste passe au travers de ce premier filtre, elle est soumise ensuite à la Commission spéciale de l'Assemblée sur l'élection des juges qui peut également mettre son veto. Ce n'est qu'à l'issue de cette procédure que l'APCE est appelée à voter pour départager les trois candidats.

Ce processus est précédé de procédures nationales laissées à la discrétion des États, pourvu qu'elles soient « équitables et transparentes », afin d'arrêter la liste des candidats.

En France, cette tâche est confiée aux quatre éminents juristes qui composent le groupe français de la Cour permanente d'arbitrage de La Haye. Ce groupe propose au gouvernement une *short list* de six candidats, à charge pour l'exécutif de n'en proposer que trois *in fine*.

Et tout ceci est loin de n'être qu'une formalité, ce dont la France avait fait l'amère expérience en 2011 quand, sous la présidence de Nicolas Sarkozy, le gouvernement avait tenté de forcer la main de ce collège d'experts. Ceux-ci avaient écarté d'emblée la candidature de l'avocat Michel Hunault, obscur député centriste aux compétences juridiques et linguistiques bien minces pour occuper les fonctions de juge français à la CEDH, même s'il enseignait à Sciences Po[1]. D'autant qu'il s'agissait de trouver un successeur à Jean-Paul Costa qui s'était illustré en devenant président de la Cour.

Mais le gouvernement était passé outre, réintroduisant cette candidature aux côtés de celles de deux figures incontestées du monde judiciaire[2], Edwige Belliard, directrice des affaires juridiques au Quai d'Orsay, et André Potocki, conseiller à la Cour de cassation et ex-juge au Tribunal de première instance des communautés européennes.

L'Élysée, selon *Le Monde*, entendait ainsi libérer un siège de député de Loire-Atlantique pour Franck Louvrier, communicant du président, alors que le quinquennat de ce dernier était près de s'achever.

---

1. Aux termes de l'article 21 de la Convention européenne des droits de l'homme, les juges doivent « jouir de la plus haute considération morale et réunir les conditions requises pour l'exercice de hautes fonctions judiciaires ou être des jurisconsultes possédant une compétence notoire ».
2. Franck Johannès, « Camouflet pour la France après le rejet de ses candidats à la Cour européenne », *Le Monde*, 14 mars 2011.

La manœuvre n'avait pas tout à fait échappé à la commission *ad hoc* de l'APCE qui avait infligé un camouflet au gouvernement français, retoquant l'ensemble de sa liste et le priant de revoir sa copie.

Finalement, à l'issue d'une procédure relancée, André Potocki avait été élu par l'APCE.

L'objectif, au fond, est de s'assurer de l'indépendance des quarante-six juges de la Cour dont les candidatures sont proposées par les États mais qui sont censés siéger à titre individuel et ne pas les représenter. Une gageure.

5

Comment la CEDH a changé l'Europe

Avec près de vingt-cinq mille arrêts rendus en soixante ans d'existence, la CEDH a assumé sans relâche son rôle de gardienne scrupuleuse des droits humains sur le continent européen. Il serait vain de vouloir dresser un panorama exhaustif d'une production si abondante. Mais, au travers de quelques affaires retentissantes, déclinant quelques articles de la Convention européenne des droits de l'homme, il est au moins possible d'en cerner l'esprit et la cohérence.

L'impact des décisions de la Cour est en fait considérable et multiforme. Outre les cas d'espèce, nombre de ses décisions ont ouvert la voie à des réformes législatives d'ampleur parmi les États membres du Conseil de l'Europe, autrement dit sur l'ensemble du continent européen. Ces arrêts sont loin de ne concerner que quelques « démocraties illibérales » violant sans vergogne les droits de l'homme, mais bien l'ensemble des États membres, fussent-ils les plus démocratiques d'entre eux. Les droits humains sont un *work in progress* et les avancées à mettre au crédit de la CEDH aussi notables que concrètes.

Ainsi, condamnée par la CEDH en 1993, l'Autriche a abrogé le monopole de la télévision publique et a permis la création de médias audiovisuels privés ; le Danemark a étendu en 2006 le droit de ne pas être membre d'un syndicat ; la France, l'Espagne et le Royaume-Uni ont légiféré pour réglementer les écoutes téléphoniques ; la très catholique Irlande a dépénalisé l'homosexualité en 1982 ; la Russie a indemnisé quelque cinq mille victimes de la catastrophe de Tchernobyl ; la Turquie a aboli la présence de juges militaires dans les cours de sûreté de l'État ; le Royaume-Uni a interdit les châtiments corporels dans les écoles…

Il arrive aussi que, saisie selon une procédure d'urgence, la Cour intervienne avant que l'irréparable ne soit commis, une procédure régulièrement employée lorsque l'intéressé, menacé d'expulsion par l'un des États membres du Conseil de l'Europe, pourrait être victime de mauvais traitements, de tortures, voire d'une exécution capitale dans le pays de destination.

Dans de nombreux cas aussi, des affaires individuelles ont révélé des carences, qu'il s'agisse par exemple du système carcéral ou de l'enquête policière, conduisant le pays fautif à engager des actions législatives correctrices.

Protéger les droits des femmes

L'institution elle-même a retenu quelques arrêts emblématiques de sa jurisprudence. Sur le « droit à la vie », le plus essentiel, héritage de l'un des Dix Commandements (« Tu ne tueras point »), garanti par l'article 2 de la Convention européenne des droits de l'homme, la Cour avait ainsi rendu le 9 juin 2009 un arrêt « Opuz contre Turquie » resté dans les annales.

Dans cette affaire de violences domestiques, un homme avait tué sa belle-mère qui tentait d'aider sa fille à fuir son emprise. L'homme avait auparavant multiplié les violences à l'égard des deux femmes. Leur infligeant des blessures qualifiées de potentiellement mortelles par les médecins, il les avait battues, les avait renversées au volant de son véhicule et les avait même poignardées, ces agressions allant crescendo au fil des ans.

Au prétexte que les victimes, sous la menace de leur tortionnaire, retiraient leurs plaintes après les avoir déposées, les tribunaux turcs se contentaient de prononcer des peines symboliques, quand ils ne classaient pas purement et simplement les dossiers.

Ainsi, le 17 novembre 1998, la cour d'assises de Diyarbakır, dans le sud-est de la Turquie, avait prononcé un non-lieu en faveur de cet homme pour les violences infligées à son épouse, le condamnant tout juste à une amende et à trois mois de prison pour celles, particulièrement graves, dont avait été victime sa belle-mère. Cette peine avait été ultérieurement commuée en simple amende.

Jusqu'à ce jour de mars 2002 où l'homme fit feu sur sa belle-mère, la tuant sur le coup alors qu'elle tentait d'organiser la fuite de sa fille du domicile conjugal. Le 26 mars 2008, la cour d'assises de Diyarbakır reconnut l'homme coupable d'homicide, ainsi que de port illégal d'arme à feu, et le condamna à la réclusion criminelle à perpétuité. Mais, estimant que l'accusé avait été provoqué par sa victime et qu'il s'était bien conduit au cours du procès, la cour ramena la peine à quinze ans et dix mois d'emprisonnement, l'assortissant d'une amende de 180 livres turques. Puis, compte tenu de la durée de sa détention provisoire et arguant du fait que sa propre décision allait être frappée d'appel, elle ordonna la libération du condamné, au risque qu'il ne s'en prenne une nouvelle fois à son épouse.

« La société et les autorités turques tolèrent les actes de violence familiale » et « leurs auteurs bénéficient de l'impunité », a déploré l'épouse devant la CEDH, soulignant que « les juridictions répressives turques ont pour pratique d'atténuer les peines infligées pour les crimes "d'honneur", dont les auteurs sont punis de peines très légères, voire dispensés de toute sanction ».

Pour la CEDH, il ne faisait guère de doute que « les autorités locales auraient dû prévoir que [l'homme] s'apprêtait à commettre une agression mortelle », leur « unique souci » ayant été au contraire « d'éviter toute intervention dans ce qu'elles percevaient comme étant une "histoire de famille" ».

D'une manière générale, ont observé les juges européens, les femmes sont « les principales victimes de la passivité généralisée – mais non volontaire – des juridictions turques » qui tolèrent les « crimes d'honneur ». En l'espèce, « les violences infligées à l'intéressée et à la mère de celle-ci [devaient] être considérées comme fondées sur le sexe » et constituaient ainsi « une forme de discrimination à l'égard des femmes ».

Au-delà du droit sacré à la vie, cet arrêt a posé pour la première fois le principe suivant : les États se rendent coupables de discrimination envers les femmes s'ils s'abstiennent de lutter efficacement contre les violences domestiques dont elles sont victimes. Peu importe donc que ces violences aient été commises dans la sphère privée : les États ont l'obligation de protéger les droits des femmes ; et, s'ils ne remplissent pas cette obligation, les victimes de violences domestiques ont toute latitude pour engager des poursuites. Si nécessaire même, la législation doit être réformée pour devenir plus dissuasive.

« Secret d'État » et justice internationale

L'article 3 de la Convention européenne sur l'« interdiction de la torture » tient en une phrase : « Nul ne peut être soumis à la torture ni à des peines ou traitements inhumains ou dégradants. » Des milliers de décisions ont été rendues sur ce fondement par la Cour ; mais, s'il fallait n'en retenir qu'une, ce serait celle du 13 décembre 2012. L'affaire avait défrayé la chronique dans le monde entier, donnant lieu « à l'ouverture d'enquêtes par de nombreuses organisations internationales et intergouvernementales, notamment par les organes de défense des droits de l'homme des Nations unies, le Conseil de l'Europe et le Parlement européen », comme l'a rappelé la CEDH.

Elle concernait un ressortissant allemand d'origine libanaise, Khaled el-Masri, pris dans la nasse de la CIA au lendemain des attentats du 11 septembre 2001 Homonyme d'un cadre d'Al-Qaïda recherché par la centrale de renseignement américaine, il avait été arrêté par les autorités macédoniennes le 31 décembre 2003 alors qu'il se rendait en bus à Skopje pour y passer quelques jours de vacances. Interrogé sur ses liens présumés avec diverses organisations et groupes islamistes, il avait été livré ensuite aux agents américains qui l'avaient conduit dans un motel de la capitale de la Macédoine où il avait été détenu et interrogé pendant vingt-trois jours, sans qu'il ne puisse entrer en contact avec l'ambassade d'Allemagne ou avec un avocat.

« Lorsqu'un jour il déclara qu'il avait l'intention de partir, on lui pointa un pistolet sur la tête en menaçant de l'abattre. Le treizième jour de son enfermement, le requérant entama une grève de la faim pour protester contre son maintien illégal en détention », relatait l'arrêt de la Cour.

Puis, le 23 janvier 2004, menotté et les yeux bandés, il fut conduit en voiture à l'aéroport de Skopje, toujours selon la Cour qui avait minutieusement reconstitué le fil de cette histoire. « Là, on le fit entrer dans une pièce où il fut roué de coups par plusieurs hommes masqués. Il fut déshabillé de force et sodomisé avec un objet. Après qu'un suppositoire lui eut été administré de force, on lui mit une couche et on lui enfila un survêtement bleu foncé à manches courtes. Enchaîné et encagoulé, soumis à une privation sensorielle totale, l'intéressé fut traîné de force jusqu'à un avion de la CIA qui était encerclé par des agents de la sécurité macédonienne. Une fois à bord de l'avion, le requérant fut jeté à terre, attaché et mis de force sous sédatifs. Il demeura dans cette position jusqu'à l'atterrissage de l'avion à Kaboul (Afghanistan) où il fut détenu cinq mois durant. »

En détention, Khaled el-Masri entama une nouvelle grève de la faim de trente-sept jours. Puis, le 28 mai 2004, il fut transféré en Albanie où ses geôliers l'abandonnèrent sur le bord d'une route. Il parvint ensuite à regagner l'Allemagne, traumatisé et pesant dix-huit kilos de moins qu'à son départ, cinq mois plus tôt.

En dépit des éléments avancés par el-Masri qui « cadraient remarquablement bien » avec les preuves recueillies, « les autorités de poursuite [macédoniennes] restèrent passives », ce qui n'était manifestement « pas conforme à ce que l'on pouvait attendre d'une autorité indépendante », a déploré la CEDH.

« La notion de “secret d'État” a souvent été brandie pour faire obstacle à la recherche de la vérité », relevait également la Cour, concluant que « le requérant a sans aucun doute vécu dans un état d'angoisse permanent du fait de l'incertitude qui entourait le sort qui lui serait fait pendant les séances d'interrogatoire », une « épreuve [...] encore aggravée par le secret qui recouvrait l'opération et par le fait qu'il [ait] été détenu à l'isolement pendant vingt-trois jours dans un hôtel, lieu de détention extraordinaire se situant en dehors de tout cadre judiciaire ».

Pour les juges européens, il s'agissait bien de « traitements inhumains et dégradants », contraires à l'article 3 de la Convention, ceux dont il avait été victime à l'aéroport de Skopje devant même être qualifiés d'actes de « torture » dont la Macédoine devait « être considérée comme directement responsable [...], ses agents ayant activement facilité le traitement litigieux ».

La Cour a également estimé à l'unanimité qu'en l'absence de mandat d'arrêt ou de demande d'extradition, et alors que les autorités macédoniennes avaient été informées du transfert d'el-Masri en Afghanistan, celui-ci avait « fait l'objet d'une "remise extraordinaire" », autrement dit d'un « transfert extrajudiciaire », en violation de l'article 5 de la Convention sur le « droit à la liberté et à la sûreté ».

Cette affaire a mis elle aussi en exergue le caractère irremplaçable de la justice internationale. Quand les juridictions macédoniennes, américaines ou allemandes ont été dans l'impossibilité de demander des comptes aux auteurs de cette « remise extraordinaire », ainsi qu'à leurs donneurs d'ordres et complices, soit parce qu'elles se retranchaient derrière le « secret d'État » érigé en rempart infranchissable contre la manifestation de la vérité, soit parce qu'il leur était tout simplement impossible de poursuivre des agents des services secrets dont elles ignoraient l'identité, seule la justice internationale était en mesure d'établir formellement les faits, de rendre justice à la victime et de déclarer l'État macédonien coupable. À travers lui, ce sont finalement les dérives de la « guerre contre le terrorisme » décrétée par le président George W. Bush qui ont été condamnées. Sans la CEDH, Khaled el-Masri en serait resté la victime anonyme.

Il ne s'agit pas ici de contester le droit des États-Unis de répondre par la force à l'un des plus abominables crimes terroristes de l'Histoire, les attentats du 11 Septembre. Mais, en tournant le dos aux Conventions de Genève pour détenir à Guantanamo ou dans les prisons secrètes de la CIA des centaines d'« ennemis combattants » ou supposés tels, en les déplaçant en dehors de tout cadre légal et en les soumettant à des « techniques renforcées d'interrogatoire » – un euphémisme pour désigner des tortures physiques ou psychologiques –, Washington a commis une sortie de route, au risque de donner des arguments à ses pires ennemis, sur le thème : « Voyez, ils ne sont pas meilleurs que nous. »

Dans cette affaire, la force de la justice internationale aura été d'opposer le droit à l'arbitraire, la raison à la déraison et, finalement, de donner tort à l'aphorisme de Cicéron : *Silent enim leges inter arma* (« les lois se taisent parmi les armes »), comme le rappelait le parlementaire et ancien magistrat suisse Dick Marty dans un rapport particulièrement fouillé sur les « allégations de détentions secrètes et de transferts illégaux de détenus[1] ».

La Cour suprême américaine elle-même a souligné, dans un arrêt de juin 2004, que « l'enjeu dans ce cas n'est rien de moins que celui de l'essence d'une société libre ». Si la nation américaine entend rester « attachée aux idéaux symbolisés par son drapeau, elle ne doit pas utiliser les armes des tyrans pour résister à un assaut des forces de la tyrannie », a-t-elle assené.

Rarement généreuse, la CEDH avait accordé à Khaled el-Masri 60 000 euros au titre du « préjudice moral » subi. Amnesty International a salué un « jugement

1. Commission des questions juridiques et des droits de l'homme, « Allégations de détentions secrètes et de transferts illégaux de détenus concernant des États membres du Conseil de l'Europe », projet de rapport, partie II (exposé des motifs).

historique», une «étape cruciale dans la lutte contre l'impunité» des gouvernements européens qui, tels ceux de la Pologne, de la Roumanie ou de la Lituanie, avaient participé au programme des prisons secrètes de la CIA.

Quant au gouvernement macédonien, il a fini par présenter des excuses officielles à l'intéressé en 2018. Depuis lors, diverses mesures ont été prises en Macédoine visant à empêcher que de telles violations des droits humains ne se reproduisent, y compris des sanctions pénales plus lourdes susceptibles d'être prononcées à l'encontre des agents des services répressifs impliqués dans des actes de torture et de mauvais traitements et la création d'un nouveau mécanisme d'enquête.

Le cas de Khaled el-Masri était par ailleurs loin d'être un cas unique, la CEDH prononçant ultérieurement plusieurs condamnations pour des faits similaires: celle de la Pologne en 2015, puis de la Lituanie et de la Roumanie en 2018.

De nombreux arrêts ont été rendus par la Cour au titre de cet article 3 de la Convention, bien souvent liés à des violences policières. Certains d'entre eux ont conduit les gouvernements concernés à prendre des mesures d'ampleur pour réformer leur système carcéral.

Ainsi, la Serbie a été condamnée en 2019 après le viol et d'atroces sévices infligés par des détenus à un codétenu sans que les gardiens, parfaitement au courant, n'interviennent. La victime avait été arrêtée à la frontière de la Croatie pour avoir tenté d'utiliser un billet de 10 euros contrefait à un péage. Elle avait été placée en détention pendant trente et un jours, alors que le billet était en fait authentique...

La Pologne a été condamnée en 2009 pour le refus par les autorités pénitentiaires d'accorder à un détenu gravement épileptique les soins appropriés.

Et, en 2000, la CEDH est intervenue pour empêcher l'extradition vers son pays d'origine d'une Iranienne qui s'était enfuie à Istanbul, alors qu'elle était menacée d'être lapidée à mort pour adultère dans son pays[1].

Esclavage et travail forcé

L'article 4 de la Convention interdit l'esclavage et le travail forcé. Cette fois, l'arrêt phare concernait la France. Henriette Akofa Siliadin, originaire du Togo, était arrivée à Paris en 1994, à l'âge de quinze ans, dans l'espoir d'étudier, munie d'un visa de tourisme. Loin de la scolariser et de régulariser sa situation, sa famille d'accueil l'avait privée de son passeport et en avait fait sa bonne à tout faire, avant de la « prêter » à une autre famille comptant quatre enfants, « avec une autorisation de sortie exceptionnelle certains dimanches pour aller à la messe ». Non rémunérée, elle avait travaillé quinze heures par jour, sept jours sur sept, pendant plus de quatre ans, avec, pour chambre, celle du bébé dont elle s'occupait nuit et jour et, pour lit, un matelas posé à même le sol. Jusqu'au jour où elle était parvenue à s'enfuir avec l'aide d'une voisine qui avait alerté le Comité contre l'esclavage moderne, lequel avait à son tour alerté le parquet. Six mois d'hospitalisation avaient été nécessaires pour que la jeune femme se rétablisse.

En première instance, ses « employeurs » furent condamnés chacun à douze mois de prison, dont sept avec sursis, et à lui verser 100 000 francs de dommages-intérêts, ainsi qu'à une amende du même montant. Une interdiction des droits civiques, civils et de famille fut prononcée à leur égard pour une durée de trois ans.

1. Voir chapitre 7, p. 114.

Mais, en appel, le couple fut relaxé de toutes les charges retenues contre lui, la cour considérant que l'état de vulnérabilité ou de dépendance n'était pas établi. Cet arrêt avait été cassé et l'affaire renvoyée devant la cour d'appel de Versailles qui, faute d'un pourvoi en cassation du parquet, avait dû s'en tenir à une condamnation du couple à verser 15 000 euros de dommages-intérêts à sa « bonne à tout faire ».

Henriette Akofa Siliadin, s'estimant victime d'esclavage domestique, pointa la législation française, inapte selon elle à la protéger « contre la “servitude” à laquelle elle a été assujettie ou, à tout le moins, contre le travail “forcé ou obligatoire” exigé d'elle ». L'État français, fit-elle valoir, aurait dû « adopter des dispositions pénales concrètes, dissuadant de commettre de tels actes » afin de « prévenir, constater et sanctionner les violations » de l'article 4 de la Convention.

Dans son arrêt du 26 juillet 2005, la CEDH a jugé que la requérante n'avait pas été réduite en esclavage, au motif que ses employeurs n'avaient pas eu sur elle « un véritable droit de propriété, la réduisant à l'état d'“objet” ». Tout juste avait-elle admis que la jeune femme avait été tenue en état de servitude, en violation de l'article 4.

Mais, à la suite de cette affaire, la servitude, le travail forcé et l'esclavage ont été érigés en crimes en droit français. La traite des êtres humains est incriminée en France depuis 2007 et Paris a ratifié en 2008 la convention du Conseil de l'Europe consacrée à cette question.

Garantir la liberté d'expression

L'article suivant de la Convention, le cinquième, relatif au « droit à la liberté et à la sûreté », est au cœur des missions de la CEDH.

À ce propos, un arrêt se distingue[1]. Le premier concerne des militants altermondialistes qui entendaient se rendre à Rostock, dans le nord de l'Allemagne, pour participer aux manifestations contre le G8 réuni à Heiligendamm du 6 au 8 juin 2007. Lors « d'un contrôle d'identité musclé », le 3 juin au soir, la police avait trouvé à bord de leur véhicule des banderoles exigeant « La liberté pour tous les prisonniers », à savoir les militants placés en détention à cette occasion. Le lendemain, un tribunal local ordonna leur mise en détention jusqu'au 9 juin 2007, autrement dit pendant toute la durée du sommet, afin de prévenir la perpétration imminente d'une infraction pénale, décision confirmée en appel.

Certes, ont noté les magistrats européens, la Convention autorise les États à placer une personne en détention pour l'empêcher de commettre une infraction, à la condition expresse toutefois que celle-ci soit concrète et précise. Or, rien dans cette affaire ne permettait d'affirmer que ces militants avaient eu l'intention de libérer des détenus par la force. Aucune arme n'avait par ailleurs été retrouvée sur eux ou dans leur véhicule. Si bien que la Cour a conclu à l'unanimité à une violation de l'article 5.

Pour la CEDH, « les protestations que les requérants avaient l'intention d'exprimer pendant le sommet du G8 [devaient] être considérées comme visant à participer à un débat d'intérêt public, domaine dans lequel il n'y a guère de place pour la restriction », d'autant qu'il n'avait « pas été démontré qu'ils aient eu l'intention d'inciter autrui à la violence ».

La Cour considérait ainsi que « la sanction considérable qui leur a été imposée, à savoir une mise en détention pendant près de six jours, n'était pas une mesure

1. Affaire Schwabe et M. G. contre Allemagne, arrêt du 1er décembre 2011.

proportionnée au but consistant à les empêcher de risquer d'inciter sans le vouloir d'autres personnes à libérer par la force les manifestants détenus pendant le sommet du G8 », autrement dit qu'il n'avait « pas été ménagé un juste équilibre entre l'objectif consistant à assurer la sécurité publique et la prévention des infractions et leur intérêt à exercer leur liberté de réunion ». Les policiers, remarquait-elle, auraient pu se contenter de saisir les banderoles, ce qui aurait certes restreint leur liberté d'expression, mais sans les empêcher de participer aux manifestations.

La Cour avait également estimé que, l'atteinte à leur liberté de réunion n'étant pas « nécessaire dans une société démocratique », leur détention préventive avait violé, outre l'article 5 de la Convention, l'article 11 selon lequel « toute personne a droit à la liberté de réunion pacifique et à la liberté d'association ».

La République fédérale d'Allemagne est une démocratie moderne et solide. Mais cette condamnation démontrait qu'aucun pays, aussi démocratique soit-il, n'est à l'abri d'une violation des droits humains et qu'un rappel à l'ordre peut être parfois nécessaire voire salutaire.

Le champ d'application de l'article 5 est en fait immense, qu'il s'agisse de la liberté de circulation, de la détention, de l'arrestation ou de la condamnation ou rétention d'étrangers supposés en situation irrégulière dans un aéroport.

Honorer les décisions de justice

L'article 6 sur le droit à un procès équitable a donné lieu, lui aussi, à d'innombrables décisions de la Cour, notamment sur les conditions de garde à vue[1] et la durée excessive des procédures.

1. Voir chapitre 6, p. 91.

Sur ce dernier point, la CEDH a rendu en 2009 un arrêt dit « pilote » contre la Russie. Dans le jargon de la Cour, un tel arrêt vise à résoudre un « problème structurel » soulevé auprès d'elle par de nombreux justiciables pour des raisons similaires.

En l'espèce, la CEDH était saisie par l'un des malheureux « liquidateurs » de la centrale nucléaire de Tchernobyl, Anatoli Tikhonovitch Bourdov. Celui-ci avait été appelé le 1er octobre 1986 sur le site de la centrale après la fusion de son réacteur n° 4 et y demeura plusieurs mois, exposé à de fortes radiations. Sa santé en ayant été affectée, il se vit accorder en 1991 une indemnité à titre de réparation. Six ans plus tard, celle-ci ne lui avait toujours pas été versée. Il engagea donc une procédure devant le tribunal de son lieu de résidence qui ordonna le versement de la somme due et d'une pénalité de retard. Mais cette décision, comme d'autres, devait rester lettre morte pendant des années, l'administration affirmant ne pas disposer des fonds nécessaires. La somme lui fut enfin versée en mars 2001. Après de multiples aléas administratifs et en mai 2002, la CEDH a condamné la Russie, estimant que l'exécution d'une décision de justice dans les délais impartis fait « partie intégrante » de la procédure et qu'une « autorité de l'État ne saurait prétexter du manque de ressources pour ne pas honorer une dette fondée sur une décision de justice ».

Cet arrêt « pilote » a servi de modèle dans quelque deux cents affaires similaires de non-paiement par les autorités russes d'indemnités accordées par des tribunaux, qu'elles soient liées ou non à la catastrophe de Tchernobyl.

Des années plus tard, dans un nouvel arrêt « pilote » rendu le 15 janvier 2009, la CEDH, constatant que l'indemnisation d'Anatoli Bourdov n'avait toujours pas été pleinement effectuée, a demandé à la Russie de mettre en œuvre les recours internes effectifs en cas d'inexécution ou d'exécution tardive de décisions judiciaires. Elle relevait que ces cas étaient « très fréquents dans les affaires de versement de pensions, d'indemnités pour enfants à charge ou d'indemnisation pour les dommages subis au cours du service militaire ou pour poursuites pénales abusives ». La CEDH était alors saisie de sept cents dossiers similaires en attente de traitement, jugeant « très préoccupant » que ce « dysfonctionnement structurel » persiste sept ans après son premier arrêt.

Le Parlement russe a finalement adopté deux lois, entrées en vigueur le 4 mai 2010, permettant la saisine des juridictions nationales dans ces circonstances, ou lorsque la durée des procédures judiciaires est excessive. Mais, deux ans plus tard, constatant à nouveau, « qu'il n'existait toujours pas en Russie de recours pour se plaindre de ces retards, pour autant qu'il s'agissait de décisions judiciaires », la Cour a estimé que ce problème « restait entier », notant « avec regret » qu'elle demeurait le seul recours des citoyens russes.

« Pas de peine sans loi »

Aux termes de l'article 7, « nul ne peut être condamné pour une action ou une omission qui, au moment où elle a été commise, ne constituait pas une infraction d'après le droit national ou international », ce qu'un adage latin que l'on doit au pénaliste italien du XVIIIe siècle Cesare Beccaria résume brillamment : *Nullum crimen sine lege* (« pas de peine sans loi »), donc pas de rétroactivité de la loi pénale.

Cela donna lieu à un autre arrêt retentissant, rendu le 22 mars 2001. Les trois requérants étaient d'anciens dirigeants de la RDA. À ce propos, il est toujours savoureux de voir ceux-là mêmes qui foulaient aux pieds les droits de l'homme de la manière la plus inique se tourner, lorsque leur propre destin est en jeu, vers la CEDH qu'ils auraient vouée aux gémonies autrefois....

Quoi qu'il en soit, Egon Krenz, qui présida la RDA moribonde d'octobre à décembre 1989 et fut le dernier secrétaire général du SED, le parti unique au pouvoir, Heinz Kessler, ministre de la Défense jusqu'en novembre 1989, et Fritz Streletz, vice-ministre de la Défense dans ces mêmes années, furent condamnés par les tribunaux de la République fédérale d'Allemagne (RFA), au lendemain de la réunification, à des peines de cinq ans et demi à sept ans et demi de prison pour avoir ordonné aux garde-frontières est-allemands de tirer à vue sur les fugitifs qui tentaient de rejoindre l'Allemagne de l'Ouest. Plus d'une centaine d'Allemands de l'Est avaient été tués dans ces circonstances, tombés sous les balles de la *Volkspolizei*. Un quatrième requérant, lui-même garde-frontière, avait également saisi la CEDH après avoir été condamné à une peine d'emprisonnement d'un an et dix mois avec sursis, pour homicide volontaire, ayant ouvert lui-même le feu sur l'un de ces fugitifs qui était décédé.

Tous quatre soutenaient que, les tirs sur les fugitifs n'étant nullement punis par le droit de la RDA ou le droit international, leur condamnation violait l'article 7 de la Convention. Mais les juges européens ont relevé *a contrario* que les faits qui leur étaient reprochés étaient non seulement répréhensibles au regard du droit pénal de la RDA, mais que les peines encourues pour ces faits en Allemagne de l'Est auraient été autrement plus lourdes que celles prononcées par les tribunaux ouest-allemands à leur encontre.

Comme l'a détaillé la Cour de Strasbourg, les dirigeants de la RDA communiste entendaient protéger « à tout prix » la frontière interallemande afin d'éviter un exode massif de leur propre population. Ceux qui violaient cette frontière devaient être arrêtés ou même « anéantis », si bien qu'un « clivage » était apparu entre la législation officielle de la RDA et ses pratiques, largement imputable d'ailleurs aux trois dirigeants qui avaient saisi la Cour. Ceux-ci doublaient « les textes légaux, publiés au *Journal officiel* de la RDA, d'ordres et instructions de service tenus secrets portant sur la consolidation et l'amélioration des installations de protection à la frontière et sur l'utilisation d'armes à feu ».

« Les requérants étaient donc directement responsables de la situation régnant à la frontière entre les deux États allemands du début des années 1960 jusqu'à la chute du mur de Berlin en 1989 », ont conclu les juges européens, qui ont par ailleurs jugé « légitime pour un État de droit d'engager des poursuites pénales à l'encontre de personnes qui se sont rendues coupables de crimes sous un régime antérieur ».

Si les anciens dirigeants de la RDA espéraient que leur salut viendrait de la CEDH, ils s'étaient donc lourdement trompés. Dans cet arrêt en forme de réquisitoire, la Cour a fustigé bien au contraire leurs agissements qui violaient de manière « flagrante les droits fondamentaux et surtout le droit à la vie, valeur suprême dans l'échelle des droits de l'homme au plan international ».

Dans d'autres affaires, la Cour a condamné les États poursuivis pour avoir appliqué rétroactivement une législation pénale ou une décision trop imprécise, comme une condamnation « par analogie » (par exemple, lorsqu'un éditeur turc avait été condamné au titre d'une législation qui ne visait que les rédacteurs en chef de journaux), ou même parce que la loi ou telle ou telle ratification d'un traité international n'avait pas fait l'objet d'une publication officielle. Pierre angulaire de la Convention, l'article 7 ne souffre aucune exception, même en temps de guerre.

Vie privée et liberté de conscience

Le droit au respect de la vie privée et familiale, du domicile ou de la correspondance, prévu à l'article 8 de la Convention, protège les citoyens européens contre une ingérence des États qui ne serait pas justifiée par une menace sur la sûreté nationale ou la sécurité publique. Il s'est étendu naturellement à des domaines inimaginables pour les auteurs de la Convention, à commencer par la surveillance d'Internet.

Là aussi, le champ est vaste. Ainsi, la Cour a condamné le Portugal pour avoir espionné une fonctionnaire de l'Otan afin de lui délivrer une habilitation de sécurité sans avoir encadré clairement les conditions de cette enquête, ce qui a conduit le pays à adopter en 2007 une nouvelle législation assurant une meilleure protection de la vie privée des intéressés.

La Suisse a été condamnée pour des raisons similaires, ne protégeant pas suffisamment ses ressortissants contre les enquêtes menées secrètement par des compagnies d'assurances recherchant d'éventuelles fraudes. La France l'a été pour avoir infligé une amende de 500 euros à un agriculteur arrêté lors d'échauffourées, celui-ci refusant de fournir un échantillon d'ADN réclamé par la police. L'intéressé faisait valoir que son profil ADN aurait pu être conservé pendant quarante ans pour cette infraction mineure, le plaçant ainsi dans la même situation que les auteurs d'attaques terroristes ou les délinquants sexuels. En conséquence, la France a revu sa législation en 2021, afin que la conservation de ces données ne soit plus indéfinie, mais dépende de l'âge des condamnés et de la gravité des infractions commises.

Convictions religieuses

De la même manière, la liberté religieuse et de conscience (article 9) a donné lieu à de nombreux arrêts. En juillet 2011, l'Arménie fut condamnée par la Cour de Strasbourg pour avoir infligé une peine de deux ans et demi de prison à un témoin de Jéhovah qui refusait d'effectuer son service militaire mais se disait prêt à effectuer un service civil.

« Le fait que le requérant n'a pas répondu à la convocation au service militaire constitue une manifestation de ses convictions religieuses » et « la condamnation de l'intéressé s'analyse donc en une ingérence dans sa liberté de manifester sa religion », ont estimé les juges européens. Selon eux, l'obligation d'effectuer un service militaire imposée aux objecteurs de conscience arméniens ne respectait pas le « juste équilibre » entre l'intérêt de la société et le leur. « La peine infligée au requérant, alors que rien n'était prévu pour tenir compte des exigences de sa conscience et de ses convictions religieuses, ne peut passer pour une mesure nécessaire dans une société démocratique », concluaient-ils.

De multiples discriminations religieuses ont été condamnées par la CEDH, comme cette salariée de British Airways mise à pied parce qu'elle portait une petite croix autour du cou, ces officiers de l'armée de l'air grecque, membres de l'Église pentecôtiste, condamnés à un an de prison avec sursis pour prosélytisme, ou cette mère autrichienne, témoin de Jéhovah, qui avait perdu la garde de ses deux enfants confiés au père pour cette seule raison.

Protection des sources journalistiques

La liberté d'expression (article 10) figure naturellement aussi au cœur de la Convention, étant un élément fondamental de l'État de droit. Toutefois, le paragraphe 2 de l'article 10 précise qu'elle peut être encadrée par la loi « dans une société démocratique » quand cela est nécessaire « à la sécurité nationale, à l'intégrité territoriale ou à la sûreté publique, à la défense de l'ordre et à la prévention du crime, à la protection de la santé ou de la morale, à la protection de la réputation ou des droits d'autrui, pour empêcher la divulgation d'informations confidentielles ou pour garantir l'autorité et l'impartialité du pouvoir judiciaire ». La Cour n'en a pas moins exercé sans relâche, depuis des décennies, son rôle de gardienne vigilante de cette liberté fondamentale.

Le contre-pouvoir d'une presse libre, la liberté d'opinion et de communication et le pluralisme des idées sont autant de piliers de la démocratie. En mars 1996, la CEDH a ainsi condamné le Royaume-Uni pour avoir tenté d'identifier la source d'un journaliste qui enquêtait sur les déboires financiers d'une entreprise. Celle-ci s'évertuait à récupérer un dossier confidentiel susceptible d'avoir été dérobé par l'informateur de ce journaliste, la justice britannique multipliant, en vain, les injonctions pour que ce dernier révèle l'identité de sa source.

Dans son arrêt, la Grande Chambre[1] de la Cour, sa formation suprême saisie de l'affaire en raison de sa portée, avait souligné que « la protection des sources

1. La Grande chambre est composée de 17 juges : le président de la Cour, ses vice-présidents et présidents de section, le juge du pays concerné par l'affaire ainsi que des juges tirés au sort. Elle est

journalistiques est l'une des pierres angulaires de la liberté de la presse, comme cela ressort des lois et codes déontologiques en vigueur dans nombre d'États contractants et comme l'affirment en outre plusieurs instruments internationaux sur les libertés journalistiques».

«L'absence d'une telle protection pourrait dissuader les sources journalistiques d'aider la presse à informer le public sur des questions d'intérêt général» et, «en conséquence, la presse pourrait être moins à même de jouer son rôle indispensable de "chien de garde" et son aptitude à fournir des informations précises et fiables pourrait s'en trouver amoindrie», avertissaient les dix-sept juges constituant la Grande Chambre.

Droit à l'égalité

L'interdiction des discriminations, qu'elles soient fondées sur l'appartenance ethnique, le genre ou l'orientation sexuelle (article 14), peut être définie de manière plus positive comme le droit à l'égalité. La dépénalisation, voire la décriminalisation de l'homosexualité, la protection des minorités, tout particulièrement des Roms en Europe centrale, ou la protection des femmes contre les violences domestiques représentent à ce titre un élément fondamental de la jurisprudence de la Cour.

Les exemples sont innombrables.

C'est une mère de famille roumaine qui se voit refuser une allocation de maternité en Hongrie parce qu'elle n'est pas hongroise.

Ce sont des enfants roms en Croatie scolarisés dans des classes séparées où la qualité de l'enseignement est

---

généralement saisie des affaires les plus importantes. Ses décisions, «définitives», ne peuvent donc faire l'objet d'un appel.

dégradée et sans espoir de rejoindre les autres enfants. Condamné par la Cour, le pays a adopté une nouvelle législation en juillet 2010 pour abolir ces classes réservées garantir aux enfants roms un enseignement de qualité.

Ce sont des homosexuels discriminés en raison de leur orientation sexuelle. En Grèce, où il leur était interdit de se pacser, ils ont obtenu ce droit en 2015. Au Royaume-Uni, où ils étaient révoqués pour cette seule raison par l'armée britannique, la CEDH a pointé un processus d'enquête « exceptionnellement indiscret » et « une ingérence injustifiée dans leur vie privée » ; l'interdiction qui leur était faite de s'engager dans l'armée a été levée en janvier 2000. En Irlande du Nord ou à Chypre, où l'homosexualité était toujours considérée comme un crime au début des années 1980, les relations homosexuelles entre hommes adultes consentants ont été dépénalisées.

C'est encore une tragique affaire de violences domestiques en Italie qui amènera le pays à ratifier la Convention d'Istanbul du Conseil de l'Europe sur la lutte contre les violences faites aux femmes, à durcir sa législation sur les féminicides et à lancer un plan d'action.

David contre Goliath

Dans un tout autre domaine, le droit à la propriété privée n'est pas garanti par la Convention. Mais il l'est par l'article premier du protocole n° 1 additionnel. Et cette garantie a donné lieu au premier arrêt « pilote » rendu par la cour en 2004.

La CEDH était saisie par Jerzy Broniowski, un ressortissant polonais né en 1944, qui avait reçu en héritage de sa grand-mère une maison désormais située dans la ville ukrainienne de Lviv. Comme plus de 1,2 million de Polonais, son aïeule avait été « rapatriée » (en réalité, expulsée) à la suite des « accords des républiques » conclus au lendemain de la Seconde Guerre mondiale entre le Comité polonais de libération nationale et les gouvernements des anciennes républiques socialistes soviétiques de Lituanie, d'Ukraine et de Biélorussie.

L'affaire concernait potentiellement quelque quatre-vingt mille héritiers des Polonais qui avaient dû abandonner leurs biens immobiliers situés au-delà de la rivière du Boug oriental lors des tragiques déplacements de populations que connut cette région au destin tourmenté. Ces biens sont à présent situés en territoire ukrainien, biélorusse ou lituanien.

À la suite de l'arrêt de la CEDH, la Pologne a accordé en juin 2014 une indemnité forfaitaire de 60 000 euros à Jerzy Broniowski. « Ce jugement est une immense victoire, a réagi l'intéressé. C'est une grande joie pour moi et pour tous les habitants de la région du Boug. » Un an plus tard, Varsovie a adopté une nouvelle législation offrant deux voies d'indemnisation à l'ensemble des héritiers spoliés : la participation à la vente aux enchères d'un terrain ou le versement d'une indemnité issue d'un fonds spécial.

Selon la CEDH, à l'été 2009, 19 444 indemnisations avaient ainsi été versées pour un montant de 206,5 millions d'euros, tandis que 1 635 terrains avaient été acquis aux enchères pour 1,6 million d'euros. En conséquence, la CEDH a « radié » quelque deux cents autres dossiers similaires devenus sans objet.

Un arrêt « pilote » similaire a été rendu au bénéfice d'une famille privée de ses terres dans l'Albanie communiste et dont les demandes d'indemnisation étaient restées désespérément vaines après la transition démocratique. Après de nombreuses péripéties juridiques et législatives, Tirana, là aussi, a finalement adopté en 2016 une nouvelle législation, rédigée avec des experts du Conseil de l'Europe, qui a permis de provisionner 1,2 milliard d'euros dans le budget de l'État et d'indemniser des centaines de requérants.

On pourra toujours objecter – non sans raison – que les décisions de la Cour arrivent bien tard, souvent des années après que le mal a été commis, qu'elles offrent aussi une réparation pécuniaire essentiellement symbolique et qu'en dépit de leur condamnation nombre d'États et de dirigeants, qui auraient dû se couvrir de cendres, n'en ont eu cure et sont passés outre.

Mais, qu'elles aient été suivies ou non d'effets, les décisions de la Cour ont au moins l'immense mérite de graver dans le marbre des violations des droits humains qui, sans cela, resteraient ignorées et impunies, de consacrer la parole des victimes et, finalement, d'accorder une victoire, fût-elle symbolique, à David contre Goliath.

6

Comment la CEDH a changé la France

Il fut un temps où, dans la « patrie des droits de l'homme », la présence de l'avocat lors de la garde à vue n'était pas jugée nécessaire pour garantir les droits de la défense, où les écoutes téléphoniques étaient à la discrétion du pouvoir, où l'esclavage domestique restait impuni, où les enfants illégitimes n'avaient pas les mêmes droits que les enfants légitimes face à l'héritage, où ceux nés à l'étranger de gestation pour autrui n'avaient aucun statut légal, où l'on n'était pas maître de sa fin de vie.

Sur toutes ces questions, la CEDH a imprimé sa marque. D'aucuns y verront une atteinte au « génie français », la soumission à un ordre supranational d'inspiration anglo-saxonne, au gouvernement des juges, un inacceptable abandon de souveraineté. Mais n'est-ce pas précisément l'objet des institutions internationales que d'offrir la sagesse d'une réflexion partagée, une voie de progrès, quand les conservatismes locaux paralysent l'action publique ?

Une lecture évolutive de la Convention

La remise en question de traditions, d'un héritage culturel ou religieux peut être douloureuse. Mais elle peut être aussi salvatrice. À cet égard, la CEDH n'est pas en reste. La Convention européenne des droits de l'homme est un « instrument vivant à interpréter [...] à la lumière de conditions de vie actuelles[1] », ont résumé les juges de Strasbourg, à la fin des années 1970. Par cette formule audacieuse et qui a fait florès, la Cour a opté pour une lecture évolutive et contemporaine de la Convention en adéquation avec les évolutions sociologiques, mais aussi technologiques et scientifiques de la société sur des sujets aussi variés que le droit de la famille, les sévices corporels, l'égalité femmes-hommes ou la protection de l'environnement.

Les frontières d'un tel pouvoir apparaîtront floues à certains et ouvrant la voie à toutes les interprétations, voire à toutes les dérives. Mais la loi et le droit eux-mêmes sont en perpétuelle évolution. Ils épousent l'air du temps. Et, après des décennies de débats acharnés, il ne se trouve plus grand monde aujourd'hui pour remettre en cause l'abolition de la peine de mort, le mariage pour tous ou le droit à l'avortement qui n'étaient nullement mentionnés dans la Convention européenne des droits de l'homme élaborée à la fin des années 1940. Autres temps, autres mœurs, pourrait-on dire.

Tout comme l'Union européenne, les Nations unies, l'OCDE, la Cour pénale internationale, la Cour de justice de l'Union européenne, l'Organisation mondiale du commerce ou l'Otan, la CEDH est certes imparfaite, n'en doutons pas. Mais toutes ces institutions agissent, fût-ce dans les limites parfois étroites que les États membres leur concèdent, et rien ni personne n'est en mesure de s'y substituer. Le Conseil de l'Europe n'échappe pas à la règle quand il dénonce les manquements de certains, même si, bien souvent, il ne parvient pas à les corriger, tant son audience est faible et l'inertie de ces États insurmontable.

---

1. Arrêt Tyrer contre Royaume-Uni, 25 avril 1978.

Le multilatéralisme est à la fois la force et la faiblesse de ces institutions, mais il est irremplaçable. Les ériger en boucs émissaires, voire les supprimer ou « en sortir », c'est céder à la tentation de l'isolationnisme, du chacun pour soi, de la loi du plus fort.

La France en sait quelque chose, elle qui a profondément réformé certaines de ses pratiques sous la pression de la CEDH.

La réforme de la garde à vue

Ainsi en va-t-il de la garde à vue. Jusqu'aux années 1990, la France s'enorgueillissait de tenir les avocats à bonne distance des commissariats de police ou des gendarmeries. La religion de l'aveu régnait. Les gardés à vue n'avaient aucun droit, interrogés selon le bon vouloir de leurs « hôtes », maintenus éveillés aussi longtemps que bon leur semblait, victimes aussi de violences impunies dont on se gaussait volontiers. On s'amusait de ces bottins agilement maniés par quelque enquêteur désireux de « faciliter » les aveux, ou de ces lampes braquées dans les yeux des suspects. Folklore policier, minimisaient les uns. Méthodes inquisitoriales, dénonçaient les autres. Mais zone d'ombre de la procédure pénale, assurément.

Des avocats dans les commissariats ? Tout juste bon pour le cinéma américain, clamaient les syndicats de la police. L'Amérique était pourtant loin d'être la seule à autoriser la présence d'un avocat dès la première heure de garde à vue. L'Allemagne, l'Espagne ou le Royaume-Uni garantissaient également ce droit.

Comme l'écrira Me Christian Charrière-Bournazel, ancien bâtonnier du barreau de Paris, l'avocat était alors vu comme un « gêneur » et l'« on enseignait aux policiers qu'il faut que la personne atteigne ce vertige d'où va survenir l'aveu », selon une « vieille tradition héritée des tribunaux ecclésiastiques : on tourmente le corps pour faire céder l'âme[1] ».

Dans des temps lointains, quelques garde-fous avaient été érigés, tel ce décret de 1903 sur la gendarmerie qui fixait à vingt-quatre heures la durée maximale de cette mesure de rétention. Puis, en 1943, c'est curieusement le régime de Vichy qui donnera une base légale à la garde à vue. Mais ce n'est qu'en 1959, à la faveur de l'entrée en vigueur du nouveau Code de procédure pénale, héritage des idéaux de la Résistance, que la garde à vue sera officialisée. Dès lors, les textes resteront en l'état pendant les trente-cinq années suivantes.

Dans les années 1990 et sous l'impulsion des gouvernements socialistes, de timides avancées sont enregistrées. Ainsi, la loi du 4 janvier 1993 autorise les avocats à s'entretenir confidentiellement pendant une demi-heure avec les suspects à compter de la... vingtième heure de garde à vue. « Toute personne placée en garde à vue doit immédiatement être informée » de ses droits « dans une langue qu'elle comprend », à savoir « prévenir, par téléphone, un membre de sa famille de la mesure dont elle est l'objet », pouvoir, « à sa demande, être examinée par un médecin » et « demander à s'entretenir avec un avocat », détaille la loi. Pour la France, il s'agit ni plus ni moins que de se mettre en conformité avec la Convention européenne des droits de l'homme dont l'article 5-2 prévoit que « toute personne arrêtée doit être informée, dans le plus court délai et dans une langue qu'elle comprend, des raisons de son arrestation et de toute accusation portée contre elle ».

1. Christian Charrière-Bournazel, « Réforme de la garde à vue - Strasbourg », www.charriere-bournazel.com, 17 juin 2011.

La loi du 4 janvier 1993 prévoit même que l'avocat puisse intervenir dès la première heure de garde à vue, mais repousse l'application de cette mesure au 1er janvier 1994. Revenue au pouvoir entre-temps à la faveur d'une cohabitation entre le président socialiste François Mitterrand et le Premier ministre conservateur Édouard Balladur, la droite s'empressera toutefois d'abroger cette disposition.

D'une manière générale, la situation reste d'ailleurs préoccupante, comme en témoigne un rapport du Comité de prévention de la torture du Conseil de l'Europe publié en 1998 après une visite d'une délégation, conduite du 6 au 18 octobre 1996 à Marseille, Montpellier et Paris dans divers hôtels de police, commissariats, gendarmeries, centres pénitentiaires ou établissements de santé. Douze jours ont suffi au Comité pour dresser un état des lieux pour le moins inquiétant. Si « aucune allégation de torture ou d'autres formes de mauvais traitements de personnes détenues » n'avait été retenue à l'égard de la gendarmerie, il en allait tout autrement de la police, une « proportion significative » de personnes interpellées par ses soins évoquant « des mauvais traitements [...] infligés au cours d'interrogatoires par des fonctionnaires de police en vue d'obtenir des informations ou une déposition ».

Parmi ces personnes, « la majorité » était « d'origine maghrébine ou africaine et/ou des personnes appréhendées parce que soupçonnées de détenir de la drogue ou d'en faire du trafic », précisaient les auteurs du rapport.

Selon eux, « les formes de mauvais traitements allégués consistaient essentiellement en gifles, coups de poing et/ou de pied, coups de matraque, menottage serré des mains dans le dos pendant des périodes prolongées ». Il s'agissait parfois aussi de « contraindre une personne menottée dans le dos à se mettre à genoux et tirer les menottes vers le haut » ou de « couvrir la tête d'une personne avec un seau et frapper de façon répétée avec un bâton sur le seau ». Il est aussi question de coups de poing au visage pendant un interrogatoire ou de « fractures de la mandibule » imputées à des coups portés à l'aide d'une chaise. Pour le reste, la description de la plupart des cellules de garde à vue – sordides, puantes et vivement éclairées – était conforme à l'idée que l'on peut se faire d'un cul-de-basse-fosse.

S'ils accordaient un satisfecit aux réformes de la garde à vue engagées en 1993, les auteurs du rapport n'en estimaient pas moins que le « droit à l'accès à un avocat » demeurait « perfectible », soulignant qu'il ne s'appliquait « toujours pas dès le tout début » de l'interrogatoire et restait « très limité », se « bornant à un bref entretien confidentiel ».

La France avançait donc à reculons. Année après année, rapports et cris d'alarme se succédaient sans que rien ne change. Comme ce 28 juillet 1999, quand elle est condamnée par la CEDH pour des actes de « torture » commis en 1991 par des policiers du commissariat de Bobigny, en Seine-Saint-Denis. Ceux-ci avaient passé à tabac à plusieurs reprises un trafiquant de drogue présumé possédant la double nationalité marocaine et néerlandaise, le frappant lors de sa garde à vue à coups de batte de base-ball, lui tirant les cheveux alors qu'il était agenouillé, lui faisant subir, selon ses dires, des sévices sexuels et allant jusqu'à uriner sur lui et à le menacer avec des chalumeaux et une seringue.

Le tournant intervient en 2008 et 2009, lorsque deux arrêts de la Cour de Strasbourg condamnent la Turquie pour avoir violé les dispositions de l'article 6 de la Convention sur « le droit à un procès équitable », faute d'avoir permis à des personnes placées en garde à vue de bénéficier de l'assistance effective d'un avocat dès le début de leur garde à vue. Ces décisions placent dès lors la France dans une situation ô combien inconfortable.

Le premier arrêt concernait Yusuf Salduz, un mineur de dix-sept ans soupçonné d'appartenir au PKK, le Parti des travailleurs du Kurdistan. Il s'était vu refuser l'assistance d'un avocat. Or les magistrats européens le rappelaient : l'article 6 de la Convention européenne des droits de l'homme « exige normalement que le prévenu puisse bénéficier de l'assistance d'un avocat dès les premiers stades des interrogatoires de police ».

« Un accusé doit, dès qu'il est privé de liberté, pouvoir bénéficier de l'assistance d'un avocat et cela indépendamment des interrogatoires qu'il subit », renchérira le second arrêt, spécifiant même que « l'équité de la procédure requiert que l'accusé puisse obtenir toute la vaste gamme d'interventions qui sont propres au conseil ».

« À cet égard, la discussion de l'affaire, l'organisation de la défense, la recherche des preuves favorables à l'accusé, la préparation des interrogatoires, le soutien de l'accusé en détresse et le contrôle des conditions de détention sont des éléments fondamentaux de la défense que l'avocat doit librement exercer », précisaient les magistrats européens.

Or la législation française n'autorisait encore qu'une rencontre d'une demi-heure entre le gardé à vue et son avocat. Celui-ci ne pouvant ni assister à l'interrogatoire, ni même consulter le dossier, ces dispositions étaient encore moins favorables au suspect que ne l'était, au moins sur le papier, la législation turque. Cette dernière reconnaissait aux avocats le droit d'assister aux interrogatoires, sauf pour les atteintes à la sûreté de l'État – prétexte, il est vrai, souvent invoqué pour contourner ce droit.

Dans un premier temps, le gouvernement français feint de croire que ce qui vaut pour la Turquie ne vaut pas pour la France, un contresens s'agissant d'une jurisprudence européenne qui s'impose à l'ensemble des pays membres du Conseil de l'Europe.

Puis Michèle Alliot-Marie, garde des Sceaux, promet une grande réforme de la garde à vue, mais celle-ci accouchera d'une souris grise. La présence de l'avocat n'est accordée qu'à l'occasion de la prolongation de la garde à vue.

Quelques années plus tard, en juillet 2010, le Conseil constitutionnel considérera que l'exercice des libertés fondamentales n'est pas garanti par le Code de procédure pénale et donnera un an au législateur pour le réformer, qu'il s'agisse de l'audition du gardé à vue hors la présence de l'avocat ou de l'absence de notification de ses droits. Le gardien de la Constitution s'alarmait, constatant le recours massif à cette privation de liberté. Pour la seule année 2009, quelque sept cent quatre-vingt-dix mille gardes à vue avaient été dénombrées.

Sortant de sa traditionnelle réserve, le président français de la CEDH, Jean-Paul Costa, avait appelé à « cesser de jouer à cache-cache avec la Convention internationale des droits de l'homme[1] », une invite à peine dissimulée à son propre pays qui freinait des quatre fers pour transposer en droit français la jurisprudence de la Cour.

Si bien que, dans un arrêt du 14 octobre 2010, la CEDH finit par taper du poing sur la table. Condamnant cette fois directement la France, elle estimait sans détour que le droit français ne répondait pas aux exigences d'un « procès équitable ». Toute « personne placée en garde à vue a le droit d'être assistée d'un avocat dès le début de

1. Entretien au quotidien *La Croix*, 24 janvier 2010.

cette mesure ainsi que pendant les interrogatoires, et ce *a fortiori* lorsqu'elle n'a pas été informée par les autorités de son droit de se taire », martelèrent alors les magistrats européens.

Sous la pression de cet arrêt, mais aussi de décisions du Conseil constitutionnel et de la Cour de cassation, l'Assemblée nationale adopte le 14 avril 2011 de nouvelles dispositions qui autorisent enfin l'avocat à assister à l'interrogatoire tout au long de la garde à vue et à accéder aux procès-verbaux d'audition. De la même manière, le droit au silence devra de nouveau être mentionné dès le début de l'interrogatoire.

Délais inexpliqués et écoutes téléphoniques

Parmi les défaillances de la justice française sanctionnées par la CEDH, la durée excessive des procédures figure en bonne place. Depuis le premier arrêt concernant la France, rendu le 18 décembre 1986, mille quatre-vingt-sept décisions ont été prononcées à son endroit par la Cour. Près des trois quarts d'entre elles – sept cent quatre-vingt-cinq pour être précis – ont constaté au moins une violation des dispositions de la Convention européenne des droits de l'homme[1] ; dans 60 % des cas, il s'agissait d'une violation de l'article 6 selon lequel « toute personne a droit à ce que sa cause soit entendue [...] dans un délai raisonnable par un tribunal ».

Pour les juges européens, ce délai « s'apprécie suivant les circonstances de la cause », en l'occurrence sa complexité ou parfois aussi les mesures dilatoires employées par les justiciables eux-mêmes pour retarder l'issue de la procédure. Ainsi, la CEDH sanctionne-t-elle les « longues périodes inexpliquées de stagnation de la

1. Au 1er janvier 2023.

procédure » lorsqu'elles sont « imputables aux autorités » ou que, « sans complexité particulière ni manœuvre » du justiciable, la procédure s'étire sur de longues années, parfois plus d'une décennie.

Concernant la France, ces errements sont la conséquence d'un manque de moyens chronique. Selon des données de 2020 recueillies par la très discrète Commission européenne pour l'efficacité de la justice (CEPEJ) du Conseil de l'Europe, la France consacrait alors 72,5 euros par habitant à son système judiciaire, contre 79 euros pour la moyenne des États membres du Conseil et même 141 euros en Allemagne. Cela se traduisait fort logiquement par un nombre de magistrats très inférieur, onze pour cent mille habitants, au lieu de vingt-cinq en Allemagne. Rien d'étonnant donc si le délai moyen de traitement d'une affaire « au civil » était de six cent trente-sept jours en France contre deux cent trente-sept jours outre-Rhin. Le mal est si profond et le « stock » de dossiers si colossal qu'il faudra encore de nombreuses années pour revenir à des délais plus « raisonnables », notait la commission.

La France s'est également trouvée épinglée pour sa pratique des écoutes téléphoniques, au titre cette fois de l'article 8 de la Convention qui dispose que chacun a « le droit au respect de sa vie privée et familiale, de son domicile et de sa correspondance ».

Les écoutes sont une vieille tradition française. Bien avant l'invention du téléphone, Beaumarchais avait une expression fleurie pour évoquer l'ouverture des correspondances : il appelait cela « le ramollissement des cachets », opération confiée aux « cabinets noirs » de l'Ancien Régime, ancêtres des services de renseignement.

Plus près de nous, dans les années 1950, la pratique des écoutes téléphoniques était encore anarchique, échappant presque à tout contrôle. Ironie de l'Histoire, les officines qui en avaient alors la charge utilisaient des infrastructures héritées de la Gestapo. Et il fallut attendre le 28 mars 1960 pour que les écoutes soient quelque peu centralisées et réglementées avec la création par le Premier ministre du général de Gaulle, Michel Debré, du Groupement interministériel de contrôle (GIC), un organisme toujours à l'œuvre aujourd'hui.

La pratique plus ou moins encadrée de ces écoutes restait toutefois préoccupante, en France et en Europe, comme en témoignait une recommandation adoptée en 1968 par l'Assemblée consultative du Conseil de l'Europe qui s'inquiétait « des techniques récemment développées comme l'interception de l'écoute téléphonique, l'écoute clandestine », estimant qu'elles représentaient « une menace pour les droits et libertés de l'individu et, en particulier, pour le droit au respect de la vie privée ».

Ainsi la France, en dépit de la création du GIC, était encore loin de répondre aux exigences d'un État démocratique. Les « écoutes administratives » de responsables politiques, de syndicalistes, de journalistes et même d'avocats perduraient.

Si bien que, deux décennies plus tard, la CEDH a de nouveau tapé du poing sur la table au détour d'un arrêt portant sur une banale affaire de fraude fiscale dont les répercussions se sont révélées considérables.

Les époux Jacques et Janine Huvig, grossistes en fruits et légumes, avaient saisi la justice européenne après la confirmation par la Cour de cassation de leur condamnation par la cour d'appel de Dijon à deux ans d'emprisonnement, dont vingt-deux mois avec sursis pour le premier et six mois avec sursis pour la seconde.

Au cœur de cette affaire : des écoutes téléphoniques opérées les 4 et 5 avril 1974 qui, selon les requérants, contrevenaient à l'article 8 de la Convention. Aucune loi française ne régissait alors les écoutes, faisaient-ils valoir, alors que l'alinéa 2 de cet article dispose expressément que cette ingérence dans la vie privée ne peut être pratiquée par une autorité publique que lorsqu'elle est « prévue par la loi ». À l'époque, la France se contentait de la jurisprudence établie par la Cour de cassation pour encadrer les écoutes pratiquées par les enquêteurs sur commission rogatoire des juges d'instruction. Devant la CEDH, le gouvernement soutiendra d'ailleurs que cette jurisprudence faisait « loi ».

Mais les juges européens en décident tout autrement et à l'unanimité dans leur arrêt du 24 avril 1990. « Le droit français, écrit et non écrit, n'indique pas avec assez de clarté l'étendue et les modalités d'exercice du pouvoir d'appréciation des autorités » en matière d'écoutes téléphoniques, estiment-ils, concluant à une « méconnaissance de l'article 8 ». Celui-ci, soulignent-ils, n'autorise l'« ingérence d'une autorité publique » dans la vie privée que lorsqu'elle est « prévue par la loi et qu'elle constitue une mesure qui, dans une société démocratique, est nécessaire à la sécurité nationale, à la sûreté publique, au bien-être économique du pays, à la défense de l'ordre et à la prévention des infractions pénales, à la protection de la santé ou de la morale, ou à la protection des droits et libertés d'autrui ».

« Les écoutes et autres formes d'interception des entretiens téléphoniques représentent une atteinte grave au respect de la vie privée et de la correspondance » et doivent donc « se fonder sur une "loi" d'une précision particulière » reposant sur des « règles claires et détaillées [...], d'autant que les procédés techniques utilisables ne cessent de se perfectionner », insiste l'arrêt.

Le « système » français, martèlent encore les juges européens, ne protège pas de « divers abus à redouter ». « Par exemple, rien ne définit les catégories de personnes susceptibles d'être mises sous écoute judiciaire, ni la nature des infractions pouvant y donner lieu ; rien n'astreint le juge à fixer une limite à la durée de l'exécution de la mesure ; rien non plus ne précise les conditions d'établissement des procès-verbaux de synthèse consignant les conversations interceptées, ni les précautions à prendre pour communiquer intacts et complets les enregistrements réalisés, aux fins de contrôle éventuel par le juge – qui ne peut guère se rendre sur place pour vérifier le nombre et la longueur des bandes magnétiques originales – et par la défense, ni les circonstances dans lesquelles peut ou doit s'opérer l'effacement ou la destruction desdites bandes, notamment après non-lieu ou relaxe », détaillent-ils.

Le même jour et dans les mêmes termes, la CEDH condamne la France dans un autre dossier, l'affaire Kruslin, du nom d'un certain Jean Kruslin, détenu après son inculpation pour tentative de vol à main armée et complicité d'homicide volontaire. Là aussi, la légalité des écoutes téléphoniques était contestée par l'intéressé.

Ainsi mis au pied du mur, le gouvernement du socialiste Michel Rocard en tire rapidement les conséquences avec la loi du 20 juillet 1991 relative au « secret des correspondances émises par la voie des communications électroniques ». Celle-ci comble enfin le vide juridique en la matière, réglementant les écoutes téléphoniques qui devront dès lors être ordonnées soit par la justice, soit par l'administration sous l'autorité du Premier ministre s'il s'agit de « rechercher des renseignements intéressant la sécurité nationale, la sauvegarde des éléments essentiels du potentiel scientifique et économique de la

France, ou la prévention du terrorisme, de la criminalité et de la délinquance organisées et de la reconstitution ou du maintien de groupements dissous». Dans les faits, ces écoutes, effectuées par des services de police ou de renseignement sur autorisation du chef du gouvernement, concerneront essentiellement les affaires de terrorisme ou liées à la grande criminalité.

Une Commission nationale de contrôle des interceptions de sécurité (CNCIS) est instituée. L'encadrement des écoutes téléphoniques n'en demeure pas moins perfectible. De nombreux scandales émailleront encore cette pratique, secrète par essence, l'équilibre restant fragile entre les libertés individuelles et la vie privée des citoyens, d'une part, et les nécessités de l'enquête judiciaire ou de ce qu'il est convenu d'appeler les intérêts supérieurs de la nation, de l'autre.

Ainsi en est-il de l'affaire des écoutes de l'Élysée ordonnées par François Mitterrand pour protéger le secret qui entourait l'existence de sa fille naturelle Mazarine Pingeot, ou de l'affaire « Bismuth », un pseudonyme choisi par Nicolas Sarkozy et son avocat Thierry Herzog pour acquérir deux téléphones portables qui, pensaient-ils, leur permettraient d'échapper à la surveillance policière, alors que l'ancien président était poursuivi dans plusieurs dossiers retentissants. Il n'en demeure pas moins que, sous la pression de la justice européenne, les écoutes téléphoniques ne s'inscrivent plus tout à fait dans une zone de non-droit en France.

Droit des enfants adultérins

Dans un tout autre domaine, en matière de successions, la CEDH aura également contribué à dépoussiérer le droit français. Héritage du code napoléonien, l'enfant

« adultérin » ne percevait jusqu'au tournant du siècle que la moitié de l'héritage reçu par les enfants « légitimes ». La cour a mis un terme à cette « discrimination » par l'arrêt Mazurek rendu le 1er février 2000.

L'affaire avait cheminé jusqu'à la Cour de cassation, laquelle, le 25 juin 1996, avait entériné une décision de la cour d'appel de Nantes selon laquelle « les dispositions de l'article 760 du Code civil qui limitent les droits successoraux de l'enfant adultérin » étaient « directement liées au principe d'ordre public » du droit français.

« Le mariage a un caractère monogamique » et il apparaît donc « nécessaire de protéger le conjoint et les enfants victimes de l'adultère », poursuivaient les juges dans cette décision, reflet de la tradition chrétienne du mariage, lien sacré, indissoluble et monogamique.

Pour sa part, la CEDH soulignera que le Conseil d'État, relevant dès 1990 l'affaiblissement de l'institution du mariage dans la société française contemporaine, considérait que cette différence de traitement était « contraire à la Convention européenne des droits de l'homme et à la Convention relative aux droits de l'enfant » et se prononçait ainsi en faveur de la suppression de ces dispositions.

L'année suivante, rappellent encore les juges européens, Michel Sapin, ministre de la Justice, avait déposé un projet de loi sur le bureau de l'Assemblée nationale proposant d'aligner la situation successorale des enfants adultérins sur celle des enfants légitimes. Plusieurs autres rapports officiels étaient parvenus à la même conclusion à la fin des années 1990.

L'un d'eux, prémonitoire, anticipait même une condamnation « prochaine » de la France par la CEDH. « L'adultère est toujours une faute et il peut être une faute grave, car le devoir de fidélité est inhérent à l'engagement conjugal. Mais cette faute, si elle doit être sanctionnée, ne peut l'être que dans la personne de ceux qui l'ont commise, et certainement pas à notre sens dans la personne de l'enfant qui en est issu », soulignait ce rapport[1].

Deux conceptions du droit et de la société s'opposaient ainsi, l'une se voulant ancrée dans la tradition, l'autre adhérant au temps présent.

Ainsi, dans son arrêt de l'an 2000, la CEDH « note d'emblée que l'institution de la famille n'est pas figée, que ce soit sur le plan historique, sociologique ou encore juridique ». Elle relève également que, « contrairement aux affirmations du gouvernement » français qui plaidait pour le *statu quo*, « une nette tendance à la disparition des discriminations à l'égard des enfants adultérins » apparaissait parmi les États membres du Conseil de l'Europe. Surtout, « l'enfant adultérin ne saurait se voir reprocher des faits qui ne lui sont pas imputables », souligne l'arrêt faisant prévaloir l'intérêt supérieur de l'enfant.

En conclusion et à l'unanimité, les magistrats européens jugent alors que la France a violé l'article premier du protocole additionnel n° 1 à la Convention selon lequel « toute personne physique ou morale a droit au respect de ses biens » et de l'article 14 de la Convention selon lequel « la jouissance des droits et libertés reconnus dans la [...] Convention doit être assurée, sans distinction aucune fondée sur le sexe, la race, la couleur, la langue, la religion, les opinions politiques ou toutes autres opinions, l'origine nationale ou sociale, l'appartenance à une minorité nationale, la fortune, la naissance ou toute autre considération ».

---

1. Rapport rendu le 14 septembre 1999 par un groupe de travail sur le droit de la famille réuni sous la présidence de la professeure Françoise Dekeuwer-Défossez par le ministère de la Justice.

L'arrêt en tire les conséquences pécuniaires, condamnant la France à verser 376 034,61 francs au requérant, soit la différence entre la somme qu'il avait reçue en héritage et celle qui lui serait revenue si un partage pour moitié avait été effectué avec son demi-frère.

Signe de l'importance que la Cour attache à cette affaire, 100 000 francs sont également accordés au requérant au titre des frais de justice qu'il avait engagés devant les juridictions françaises et elle-même.

Après avoir traîné des pieds pendant de longues années, la France ne tardera pas non plus à se mettre en conformité avec la décision de la CEDH. Dès le 3 décembre 2001, une loi abolit la distinction entre les filiations légitimes et naturelles.

Fin de vie

Parmi les affaires les plus marquantes figure aussi celle de Vincent Lambert, un infirmier qui avait sombré dans un état « végétatif chronique irréversible » après un accident de la route survenu en 2008. Ses parents, catholiques traditionalistes, et plusieurs autres membres de sa famille avaient mené pendant six ans une bataille acharnée contre le corps médical qui souhaitait interrompre les traitements, multipliant les recours devant les juridictions françaises et européennes. Son épouse elle-même se désolait de cet acharnement judiciaire et thérapeutique.

Le 20 mai 2019, la CEDH a posé un point quasi final à cet imbroglio médical, judiciaire et politique, rejetant un énième recours des parents, faute d'éléments nouveaux.

La Cour a rappelé à cette occasion que sa formation suprême, sa Grande Chambre, avait jugé dès le 5 juin 2015 que l'arrêt de l'alimentation et de l'hydratation artificielles de Vincent Lambert, entériné par la plus haute juridiction administrative française, le Conseil d'État, ne constituerait pas une violation de l'article 2 de la Convention européenne des droits de l'homme sur le droit à la vie.

Après une ultime tentative des parents, invoquant une procédure qu'ils avaient engagée devant le Comité international des droits des personnes handicapées de l'Onu (CDPH), la Cour de cassation, saisie par le gouvernement, a eu le dernier mot, le 28 juin 2019, annulant un arrêt de la cour d'appel de Paris qui ordonnait de surseoir à l'arrêt des traitements dans l'attente de l'examen au fond du dossier par le CDPH. Les traitements ont donc été interrompus et Vincent Lambert s'est éteint le 11 juillet 2019, à l'âge de quarante-deux ans, au CHU de Reims.

Dans cette affaire dramatique, au cœur du débat sur l'acharnement thérapeutique et la fin de vie, la CEDH a donc tranché, forte de la légitimité que lui confère la réflexion collégiale de juges venus d'horizons parfois très divers. Sur cette question existentielle comme sur bien d'autres, elle aura permis à la France de trouver sereinement une issue aux débats passionnés dans lesquels elle s'était enlisée, nouvelle illustration des mérites d'une justice supranationale : sortir des querelles intestines et miser sur l'intelligence collective.

7

L'abolition

Déclarer la mort « hors la loi », en finir avec « le plus prémédité des meurtres[1] », selon Camus, ou le « signe spécial éternel de la barbarie[2] », selon Victor Hugo : parmi les combats pour les droits de l'homme, l'abolition fut l'un des plus rudes. Sur ce chemin long et tortueux, la CEDH et le Conseil de l'Europe ont pris une part essentielle, injustement méconnue, jusqu'à éradiquer le châtiment suprême sur la quasi-totalité du continent européen[3]. De Lisbonne au Kamtchatka, d'Oslo à Athènes, les deux institutions auront joué un rôle déterminant pour parvenir à cette abolition qui distingue les nations du Vieux Continent de nombreuses autres à travers le monde, à commencer par les États-Unis et la Chine, mais aussi l'Égypte, l'Inde ou le Japon.

1. Albert Camus, « Réflexions sur la guillotine », *La Nouvelle Revue française*, juin 1957.
2. Discours devant l'Assemblée nationale constituante de la IIe République, 15 septembre 1848.
3. Le Bélarus est le seul pays à pratiquer encore la peine de mort sur le continent européen.

L'abolitionnisme en marche

À l'orée des années 1950, lorsque la Convention européenne des droits de l'homme est signée, les abolitionnistes sont encore bien peu nombreux. La Convention, entrée en vigueur en 1953, garantit le « droit à la vie » et proscrit la torture et les traitements inhumains ou dégradants. Mais le « droit à la vie », tel qu'énoncé en son article 2, reste lacunaire. « Le droit de toute personne à la vie est protégé par la loi », dispose cet article, avec toutefois une dérogation de taille : « La mort ne peut être infligée à quiconque intentionnellement, sauf en exécution d'une sentence capitale prononcée par un tribunal au cas où le délit est puni de cette peine par la loi. »

Tout est affaire de circonstances. Le procès de Nuremberg s'est refermé en 1946 avec la condamnation à mort par pendaison de douze anciens dignitaires du Reich, responsables de millions de morts. La question de la peine capitale ne fait donc à l'époque guère débat, d'autant que nombre d'États, futurs signataires de la Convention, l'appliquent encore dans leur droit interne. Pour la plupart d'entre eux, il est hors de question de signer un texte abolitionniste. Dans ce concert, les seules voix discordantes sont celles de l'Allemagne et de l'Italie. Nazisme et fascisme ont fauché assez de vies pour ôter à leurs peuples et à leurs dirigeants le goût de la mort, fût-elle l'expression de la loi.

Dans les décennies qui suivent, l'abolitionnisme tisse patiemment sa toile, le plus souvent à rebours des opinions publiques. Dès 1973, une dizaine de membres de l'Assemblée parlementaire du Conseil de l'Europe (APCE), scandinaves pour la plupart, lancent un premier ballon d'essai avec une proposition de résolution. Le prétexte leur en est donné par la Chambre des communes britannique qui vient de décider, comme elle le fait alors chaque année, de ne pas rétablir la peine capitale en Grande-Bretagne, ce dont ils se félicitent. Leur texte est en réalité un manifeste abolitionniste. Il fait valoir que, « compte tenu de la faillibilité de toute institution humaine, [la peine de mort] peut être infligée à des innocents », que son effet dissuasif n'est pas établi et qu'elle peut même « inciter certains déséquilibrés à commettre des crimes passibles de cette peine ». Il souligne aussi son caractère « traumatisant » pour l'opinion publique et la juge « inhumaine et dégradante au sens de l'article 3 de la Convention européenne des droits de l'homme » qui proscrit la torture et les mauvais traitements.

Le projet de résolution appelle ainsi les États membre du Conseil de l'Europe « qui maintiennent la peine de mort pour certains crimes » à la supprimer de leur système pénal. Mais cette proposition ne sera pas même examinée par l'APCE, se heurtant à un veto du Comité des affaires juridiques du Conseil.

En dépit de cet échec, l'idée fait son chemin. L'APCE s'empare finalement du sujet jusqu'à adopter, le 22 avril 1980, une résolution déclarant « la peine de mort inhumaine ». Elle lance un « appel aux parlements de ceux des États membres du Conseil de l'Europe qui maintiennent la peine de mort pour des crimes commis en temps de paix, pour la supprimer de leurs systèmes pénaux ». Cette initiative est immédiatement suivie d'une recommandation au Comité des ministres, l'exécutif du Conseil, qui encourage l'APCE à modifier en ce sens l'article 2 de la Convention.

L'abolition de la peine capitale en France, le 18 septembre 1981, dans la foulée de l'élection de François Mitterrand, joue par la suite un rôle d'accélérateur. Et le 28 avril 1983, les abolitionnistes de l'APCE obtiennent enfin gain de cause. Ce jour-là, l'Assemblée de Strasbourg adopte le protocole n° 6, additionnel à la Convention européenne des droits de l'homme, « concernant l'abolition de la peine de mort ». Entré en vigueur deux ans plus tard, il déclare en son article premier : « La peine de mort est abolie. Nul ne peut être condamné à une telle peine ni exécuté. » Une seule exception demeure « en temps de guerre ou de danger imminent de guerre ». Mais l'effet est immédiat. Plus aucun condamné n'a été exécuté en Europe occidentale depuis 1984.

Le pas ultime eût été d'amender l'article 2 de la Convention dans les mêmes termes, afin d'en supprimer les exceptions au droit à la vie. Il ne l'est toujours pas.

Dans ce long processus, la CEDH intervient pour la première fois à la fin des années 1980. L'occasion lui en est donnée par l'affaire Söring, du nom de Jens Söring, un Allemand détenu au Royaume-Uni. Son extradition est réclamée par les États-Unis, qui entendent le juger pour l'assassinat des parents de sa petite amie canadienne. Le 7 juillet 1989, la Cour de Strasbourg s'oppose à son extradition. La pratique du « couloir de la mort » dans lequel les détenus croupissent pendant de longues années dans des « conditions aussi extrêmes avec l'angoisse omniprésente et croissante de l'exécution de la peine capitale » constitue un traitement inhumain, estiment les juges européens qui y voient une violation de l'article 3 de la Convention. Pour autant, la CEDH considère encore que la peine de mort elle-même ne viole pas les dispositions de cette dernière.

Söring sera finalement extradé vers les États-Unis, mais seulement après que la justice américaine se sera engagée à ne pas requérir la peine capitale. Jugé et condamné à la prison à vie, il passera trente-trois ans dans les pénitenciers américains, avant d'être expulsé en décembre 2019 vers l'Allemagne.

La Cour de Strasbourg a-t-elle empêché l'exécution d'un innocent ? Ce n'est pas impossible. Âgé de dix-huit ans au moment des faits, Söring avait d'abord avoué le crime, puis il s'était rétracté, affirmant être passé aux aveux pour éviter à sa petite amie d'être condamnée à mort. Fils de diplomate, le jeune homme pensait jouir de l'immunité diplomatique. Aucune des traces d'ADN retrouvées sur la scène de crime n'était compatible avec le sien.

Le protocole n° 6 et la Russie

Avec l'élargissement du Conseil de l'Europe à l'ex-bloc soviétique, au tournant des années 1990, la question de la peine capitale revient à l'ordre du jour. En 1994, la résolution 1044 de l'APCE lie l'adhésion de nouveaux États membres au Conseil à un engagement : ils devront signer dans un délai de trois ans le protocole n° 6 et, dans l'intervalle, observer un moratoire sur les exécutions.

Quand la Russie rejoint le Conseil, le 28 février 1996, elle promet de se conformer à cet engagement. Le président russe Boris Eltsine prend à cet effet un décret sur la « réduction séquentielle de la démarche dans l'application de la peine de mort, relative à l'adhésion de la Russie au Conseil européen ». Le dernier condamné à mort exécuté d'une balle dans la tête, comme le voulait le Code pénal russe, l'a été en 1996.

Puis, en avril 1997, Moscou a signé le protocole n° 6. La Douma ne l'a jamais ratifié, arguant de l'attachement de l'opinion publique russe au châtiment suprême, mais les députés russes ont prolongé sans discontinuer le moratoire jusqu'en 2010, avant que la Cour suprême du pays n'interdise aux tribunaux de prononcer la peine capitale. Formellement, la peine de mort n'a donc jamais été abolie par la Fédération de Russie et le Conseil de l'Europe s'en est contenté.

Jusqu'à l'exclusion de Moscou du Conseil après l'invasion de l'Ukraine en 2022, la Russie demeurait ainsi le seul des quarante-sept membres de l'organisation à ne pas avoir ratifié le protocole n° 6, contrairement, en particulier, aux ex-satellites de l'URSS où la peine de mort avait été bien souvent massivement prononcée sous le régime communiste. Ceux-ci l'avaient formellement abolie, soucieux de s'arrimer à l'Europe occidentale et de s'affranchir de la tutelle de Moscou, en dépit des aléas de leur transition démocratique et de l'hostilité de certaines de leurs opinions publiques, désorientées par ces bouleversements politiques et sociétaux.

En juillet 2000, la CEDH a eu l'occasion de préciser sa jurisprudence dans l'affaire Jabari contre Turquie. Hoda Jabari, une jeune femme de nationalité iranienne, était alors menacée d'être expulsée vers son pays d'origine où elle risquait la mort par lapidation pour avoir commis un adultère. La Cour a jugé que le risque qu'elle soit « soumise à des traitements contraires à l'article 3 si elle [était] renvoyée en Iran » par la Turquie était « réel » et « avéré », considérant donc que son expulsion « violerait » les termes de la Convention.

La Turquie et le cas Öcalan

Le 15 février 1999, la capture au Kenya, où il s'était réfugié, d'Abdullah Öcalan, leader du parti des travailleurs du Kurdistan (PKK), par un commando des forces spéciales turques, a également relancé le débat. Ramené en Turquie à bord d'un jet privé par ses ravisseurs, l'« ennemi n° 1 » du pouvoir est condamné à mort pour « trahison » et « séparatisme » quatre mois plus tard par la Cour de sûreté de l'État. Siégeant sur l'île-prison d'İmralı, en mer de Marmara, elle le reconnaît coupable d'avoir voulu provoquer la sécession d'une partie du territoire turc et d'avoir formé une bande armée à cette fin. En novembre 1999, la Cour de cassation turque confirme en tous points ce verdict.

Saisie selon une procédure d'urgence par les avocats d'Öcalan, la CEDH intervient alors une première fois, enjoignant à la Turquie « de prendre toutes les mesures nécessaires pour que la peine capitale ne soit pas exécutée », afin de lui permettre de « poursuivre efficacement l'examen de la recevabilité et du fond des griefs que le requérant formule sur le terrain de la Convention ». Certes, la Turquie, désireuse de se rapprocher de l'Union européenne qui pose également en préalable de toute adhésion le renoncement à la peine capitale, avait décrété un moratoire sur les exécutions dès 1984. Mais la personnalité d'Öcalan faisait craindre qu'elle ne passe outre à ses engagements.

En octobre 2002, quelques mois après l'abolition de la peine de mort en temps de paix par les parlementaires turcs, la Cour de sûreté de l'État d'Ankara commue la peine du leader kurde en une réclusion à perpétuité incompressible. Abdullah Öcalan échappe ainsi définitivement à la peine capitale.

La CEDH, saisie au lendemain même de son arrestation, ira malgré tout jusqu'au bout de cette procédure. « La peur et l'incertitude quant à l'avenir engendrées par une sentence de mort, dans des circonstances où il existe une possibilité réelle que la peine soit exécutée, doivent être source d'une angoisse considérable chez l'intéressé », d'autant qu'« ayant été la personne la plus recherchée de

Turquie, le risque que la sentence fût appliquée était réel » en dépit du moratoire de 1984, notent les juges de Strasbourg dans un arrêt rendu le 12 mars 2003.

Mais surtout, depuis l'affaire Söring, constatent-ils, « d'une abolition de fait dans vingt-deux États contractants [du Conseil de l'Europe], on est passé à une abolition *de jure*[1] dans quarante-trois des quarante-quatre États contractants – notamment, très récemment, dans l'État défendeur [la Turquie] – et à un moratoire dans le dernier pays qui n'a pas encore aboli cette peine, à savoir la Russie ».

« Du fait de cette évolution, les territoires relevant de la juridiction des États membres du Conseil de l'Europe forment à présent une zone exempte de la peine de mort » et l'« on peut dire que la peine de mort en temps de paix en est venue à être considérée comme une forme de sanction inacceptable, [...] qui n'est plus autorisée par l'article 2 », interprètent-ils.

Les juges de la CEDH s'abstiennent cependant une nouvelle fois de se prononcer sur le principe même de la peine capitale, se contentant d'observer que la condamnation du leader kurde était en quelque sorte nulle et non avenue, ayant été prononcée « à l'issue d'un procès inéquitable » qui constituait de ce fait un « traitement inhumain ».

Depuis, Öcalan croupit toujours sur cette île-prison déclarée zone militaire dès son emprisonnement et rendue ainsi quasi inaccessible. Il y est resté pendant des années le seul détenu, maintenu dans un isolement strict, avant que quelques autres l'y rejoignent et que les conditions de sa détention ne soient assouplies sous la

1. De par la loi (par opposition à *de facto*).

pression de plusieurs condamnations de la Turquie par la Cour de Strasbourg.

Abolition de la peine de mort en temps de guerre

Sur le fond, la jurisprudence de la CEDH à l'égard de la peine de mort n'a guère évolué. Ainsi, le 8 novembre 2005, saisie par une famille de réfugiés syriens, la Cour juge que l'expulsion du père de famille par la Suède vers la Syrie où il avait été condamné à mort par contumace pour complicité de meurtre au terme d'un « procès inéquitable » causerait inévitablement au requérant et à sa famille « un supplément de crainte et d'angoisse quant à leur avenir en cas de rapatriement forcé en Syrie, puisqu'il existe une possibilité réelle que la sentence soit exécutée dans ce pays ». À la suite de cet arrêt, la famille a reçu un permis de résidence permanente en Suède.

En 2010, la CEDH condamne également le Royaume-Uni pour avoir remis cinq ans plus tôt aux autorités irakiennes, peu après le déclenchement de la guerre d'Irak, deux ressortissants de ce pays, Faisal Attiyah Nassar Khalaf Hussain Al-Saadoon et Khalef Hussain Mufdhi, soupçonnés d'avoir été de hauts responsables du parti Baas de Saddam Hussein et d'avoir orchestré des violences contre la coalition militaire internationale conduite par les États-Unis. Arrêtés en 2003 par les forces britanniques et détenus à Bassora dans une prison qu'elles contrôlaient, ils avaient été livrés le 31 décembre 2008 aux autorités irakiennes, quelques heures seulement avant l'expiration du mandat accordé par l'Onu à la coalition militaire internationale. Ce déferrement était intervenu de surcroît avant même que leurs recours ne soient examinés par la Chambre des lords, la chambre haute du Parlement britannique, et « au mépris » d'une première décision de la CEDH, saisie selon une procédure d'urgence.

Celle-ci enjoignait précisément au Royaume-Uni de renoncer à livrer les deux hommes exposés, selon les juges européens, « à un risque réel de procès inéquitable suivi d'une exécution par pendaison ». La pendaison est « une méthode d'exécution inefficace et extrêmement douloureuse, de sorte qu'elle peut être considérée comme un traitement inhumain et dégradant », observait la CEDH, soulignant que, d'une manière générale et « quelle que soit la méthode d'exécution, l'extinction de la vie entraîne une douleur physique, ainsi qu'une souffrance psychologique intense du fait de cette mort annoncée ».

Dans son arrêt de 2010, la CEDH rappelait également que « même si, au moment où la Convention a été rédigée, la peine de mort n'était pas considérée comme contraire aux normes internationales de protection des droits de l'homme, tous les États membres du Conseil de l'Europe [s'étaient] depuis lors acheminés vers son abolition totale en fait et en droit ».

Elle rappelait également l'entrée en vigueur du protocole 13, sept ans plus tôt. Celui-ci abolissait la peine de mort même en temps de guerre, devenant le premier instrument international juridiquement contraignant interdisant ce châtiment suprême en toutes circonstances.

« Ainsi, deux protocoles à la Convention abolissant la peine de mort en temps de guerre (protocole n° 6) puis en toutes circonstances (protocole n° 13) sont entrés en vigueur », ratifiés l'un comme l'autre par le Royaume-Uni et par la totalité des États membres du Conseil de l'Europe sauf trois, spécifiaient les juges européens. « Ces chiffres, ainsi que la pratique constante des États qui observent un moratoire sur la peine capitale, concourent à démontrer que l'article 2 de la Convention interdit aujourd'hui la peine de mort en toutes circonstances» et que, «dès lors, plus rien n'empêche de considérer que cette sanction – source non seulement de douleur physique, mais aussi de souffrances morales intenses en raison de l'anticipation de la mort – constitue une peine ou un traitement inhumain et dégradant au sens de l'article 3», concluaient-ils.

En juillet 2014 encore, la Cour a fait droit à un Saoudien, Abd al-Rahim Hussein Muhammed Abdu al-Nashiri, soupçonné d'être impliqué dans l'attentat ayant visé en octobre 2000 le navire *USS Cole* de la marine américaine dans le port d'Aden (Yémen) et dans un autre attentat, commis en octobre 2002 dans la même zone contre le pétrolier français *MV Limburg*. L'homme avait été secrètement détenu et interrogé selon des «techniques d'interrogatoire avancées» comme la «noyade simulée» dans un «site noir» de la CIA en Pologne, avant d'être transféré à Guantanamo Bay. Selon la CEDH, la Pologne s'était ainsi rendue coupable de multiples violations des dispositions de la Convention, à savoir son article 3 sur l'interdiction de la torture et son article 5 qui stipule que «toute personne arrêtée a le droit de savoir pourquoi» et «doit être jugée rapidement ou être libérée en attendant son procès». Mais la CEDH avait également constaté une violation du protocole n° 6, Varsovie ayant livré l'intéressé à la centrale de renseignement américaine, alors qu'il était susceptible d'être déféré devant une commission militaire et encourait la peine capitale. La Cour avait enjoint à la Pologne de s'efforcer d'obtenir des autorités américaines l'assurance qu'une telle condamnation ne lui serait pas infligée.

Dès lors, et même si les dispositions de l'article 2 de la Convention européenne des droits de l'homme qui ménage la possibilité d'exécuter « une sentence capitale prononcée par un tribunal au cas où le délit est puni de cette peine par la loi » n'ont jamais été amendées, la peine capitale a été abrogée *de facto* et même *de jure* sur la quasi-totalité du continent européen où le droit à la vie est ainsi devenu un droit suprême, l'emportant sur toute autre considération et ne souffrant aucune exception.

8

GPA, le jugement de Salomon

C'est sans doute l'une des décisions les plus controversées jamais rendues par la CEDH. Le 10 avril 2019, la Cour s'est prononcée sur le statut des enfants nés à l'étranger de gestation pour autrui (GPA), autrement dit d'une « mère porteuse[1] ».

Pendant de très longues années, le débat juridique, éthique et politique autour de cette question s'est enlisé en France où la GPA, admise dans de nombreux autres pays, était toujours considérée – et presque unanimement – comme une inacceptable marchandisation du corps des femmes, voire une marchandisation de l'enfant à naître, à l'instar du « commerce » de la GPA qui a prospéré en Inde ou en Ukraine autour de cliniques spécialisées.

---

1. La GPA est une assistance à la procréation, la « mère porteuse » acceptant, à la demande d'un couple dans l'impossibilité de procréer, d'un couple homosexuel, voire d'un futur parent célibataire, l'implantation dans son utérus d'un embryon qui peut être issu soit d'une fécondation *in vitro* (FIV), soit d'une insémination. À sa naissance, l'enfant est remis à son ou ses « parents d'intention ». L'un ou l'autre des membres du couple qui recevra l'enfant à sa naissance, voire les deux, peuvent en être les parents génétiques. Mais il est également possible que le couple n'ait aucun lien génétique avec l'enfant.

L'impasse juridique française

Dès 1989, la Cour de cassation avait annulé des conventions de gestation pour autrui conçues par une association du nom d'Alma Mater. Fondée par un gynécologue marseillais, cette association avait été dissoute par la justice l'année précédente, son action étant considérée comme « contraire aux lois et aux bonnes mœurs ». La cour suprême française estimait en substance que les conventions qu'elle élaborait contrevenaient au principe d'ordre public selon lequel nul ne peut disposer du corps d'autrui. En visant « délibérément à créer une situation d'abandon », la GPA aboutit « à détourner l'institution de l'adoption de son véritable objet qui est, en principe, de donner une famille à un enfant qui en est dépourvu », soulignaient les hauts magistrats français.

Cette même Cour de cassation s'est de nouveau prononcée en 1991 sur le cas d'un couple souffrant d'infertilité, mis en relation par Alma Mater avec une mère porteuse. Cette dernière avait accepté une insémination artificielle par les gamètes du père, s'engageant à abandonner l'enfant à sa naissance afin que le couple puisse l'adopter. En l'absence de législation, le premier président de la Cour de cassation, Pierre Drai, figure hautement respectée du monde judiciaire, avait décidé de réunir la Cour en assemblée générale pour trancher cette question de principe.

Et la Cour avait maintenu sa position, jugeant de nouveau que le « contrat » passé entre les parents « d'intention » et la mère biologique de l'enfant portait « atteinte aux principes de l'indisponibilité du corps humain et de l'état des personnes » et constituait « un détournement de l'institution de l'adoption ».

Une loi du 29 juillet 1994 a mis fin, au moins provisoirement, à l'incertitude juridique, considérant que « toute convention portant sur la procréation ou la gestation pour le compte d'autrui est nulle », ce qui revenait à prohiber la GPA sur le territoire français. En conséquence, la Cour de cassation a jugé à plusieurs reprises par la suite impossible de reconnaître la filiation d'enfants nés à l'étranger de mères porteuses, estimant que la GPA heurtait « des principes essentiels du droit français » et que les parents « d'intention » s'étaient livrés à une « fraude » en se rendant à l'étranger pour contourner la législation française. L'impasse juridique était ainsi totale, privant ces enfants d'état civil sur le sol français, une situation susceptible d'entraîner d'importantes difficultés administratives, qu'il s'agisse de les inscrire à l'école, de percevoir des prestations sociales, voire, en cas de décès ou de séparation des parents, en matière d'héritage ou d'autorité parentale.

Encourager un parent à abandonner un enfant né ou à naître constitue par ailleurs en France un délit pénal passible de six mois de prison et 7 500 euros d'amende, une peine doublée si l'auteur des faits a agi dans un but lucratif, et même quadruplée s'il s'agit d'une pratique répétée[1]. Dans ce contexte, la situation légale des enfants nés de GPA à l'étranger était inextricable.

L'affaire Mennesson

C'est finalement la ratification en avril 2018 du protocole n° 16, additif à la Convention européenne des droits de l'homme, sous l'impulsion du président Emmanuel Macron, qui a permis à la France de résoudre cette quadrature. Aux termes de ce protocole, les juridictions suprêmes nationales, à savoir le Conseil d'État, la Cour de cassation et le Conseil constitutionnel en France, peuvent

1. Article 227-12 du Code pénal.

interroger la CEDH pour avis – non contraignant mais hautement incitatif – avant même de rendre leurs arrêts lorsqu'elles redoutent une éventuelle censure par les juges européens. Le risque de voir ces décisions retoquées *a posteriori* par la Cour de Strasbourg est ainsi quasiment écarté. Chacun y trouve son compte : les justiciables qui s'évitent ainsi de longues procédures devant la CEDH, la Cour elle-même, déjà surchargée de dossiers, et les plus hautes juridictions nationales. Au demeurant, la France a été le dixième État membre du Conseil de l'Europe à ratifier le protocole n° 16, permettant d'atteindre le quorum nécessaire à son entrée en vigueur.

La justice française aura aussi été la toute première, parmi celles des États membres du Conseil, à recourir à cette procédure avec un avis demandé par la Cour de cassation, précisément sur cette question de la GPA.

En l'occurrence, l'affaire soumise à la cour de Strasbourg faisait grand bruit depuis des années. Un couple de Français, Dominique et Sylvie Mennesson, après de vaines tentatives de fécondation *in vitro*, s'était rendu en Californie où la GPA est parfaitement admise et encadrée par la loi. Il y avait trouvé une mère porteuse, cadre et mariée à un cadre aux ressources, disaient-ils, bien supérieures aux siennes. Cette femme, insistait le couple, avait agi par « solidarité », étant indemnisée par ses soins mais sans être rétribuée, conformément à la législation californienne. Aussi ne s'agissait-il pas, selon les époux Mennesson, d'exploiter la misère d'une mère porteuse pour assouvir un désir d'enfant. Quoi qu'il en soit, étaient nées de cette GPA, le 25 octobre 2000, des petites jumelles, Valentina et Fiorella.

L'interminable saga judiciaire du couple Mennesson commence dès qu'il se rend au consulat de France de Los Angeles pour obtenir la transcription des actes de naissance des deux enfants sur l'état civil français. Non seulement elle leur est refusée, mais leur dossier est transféré au parquet de Nantes, des naissances par GPA étant suspectées, en l'occurrence à juste titre.

Très vite, l'imbroglio juridique devient total. Le 25 novembre 2002 et sur instruction du parquet, le consulat de France à Los Angeles retranscrit les actes de naissance des jumelles sur les registres du service central d'état civil de Nantes. Mais, six mois plus tard, le ministère public fait volte-face. Le procureur de Créteil demande l'annulation de la transcription, invoquant une atteinte à l'ordre public français.

En septembre 2004, l'affaire semble close quand un non-lieu est rendu par un magistrat instructeur de Créteil jugeant que, commis aux États-Unis où ils n'étaient pas répréhensibles, les faits visés ne constituaient pas des délits punissables en France. Puis, le 13 décembre 2005, un tribunal s'étonne de la demande du procureur « opérée dans le seul but » d'obtenir l'annulation de la transcription. Il lui reproche d'avoir ainsi lui-même créé le trouble à l'ordre public qu'il invoquait dans sa demande d'annulation. Ce jugement est confirmé par la cour d'appel de Paris le 25 octobre 2007.

Les époux Mennesson n'en ont toutefois pas fini avec l'acharnement de la justice française. Le 17 décembre 2008, la Cour de cassation annule l'arrêt de la cour d'appel de Paris. Constatant qu'une convention de GPA est au cœur du dossier, elle renvoie l'affaire devant cette même juridiction « autrement composée » et celle-ci annule de nouveau la transcription des actes de naissance. Un nouveau pourvoi des époux Mennesson n'y a rien fait, la Cour de cassation estimant invariablement que cette transcription se heurte à des principes essentiels du droit français.

Ayant épuisé toutes les voies de recours en France, le couple est dès lors en droit de se tourner vers la CEDH. Son arrêt du 26 juin 2014 sera sans ambiguïté, faisant valoir que « l'intérêt supérieur des enfants » doit « guider toute décision les concernant ». Or, constatent les juges européens, les jumelles Mennesson ont été plongées dans « une situation d'incertitude juridique », sachant qu'elles ont été reconnues aux États-Unis comme les filles du couple Mennesson, mais que la France « leur nie néanmoins cette qualité ».

« Bien que leur père biologique [Dominique Mennesson] soit français », elles « sont confrontées à une troublante incertitude quant à la possibilité de se voir reconnaître la nationalité française », note la CEDH, relevant que cette situation pourrait également avoir des conséquences négatives sur leurs droits successoraux.

S'il est « concevable que la France puisse souhaiter décourager ses ressortissants de recourir à l'étranger à une méthode de procréation qu'elle prohibe sur son territoire », les enfants n'ont pas à subir les conséquences des agissements de leurs parents, insistent les magistrats européens. Si bien que le refus des autorités françaises de reconnaître la filiation des jumelles pose selon eux « une question grave de compatibilité avec l'intérêt supérieur de l'enfant ». CQFD.

Tirant les conséquences de cette décision, la Cour de cassation fait évoluer sa jurisprudence, considérant désormais que la transcription de l'acte de naissance d'un enfant né de GPA à l'étranger est possible, dès lors que le père de l'enfant en est le père biologique. La Cour n'en estime pas moins impossible de reconnaître la filiation avec la « mère d'intention », en l'espèce Sylvie Mennesson. L'écheveau juridique n'est ainsi que partiellement démêlé.

Les « petits fantômes de la République »

D'où la première question posée par les hauts magistrats français à leurs homologues européens dans leur demande d'avis formulée au titre du protocole n° 16 : en refusant de reconnaître la filiation maternelle, la France excédait-elle la « marge d'appréciation » dont elle disposait au regard de la Convention européenne des droits de l'homme ? Question subsidiaire : « Y a-t-il lieu de distinguer selon que l'enfant est conçu ou non avec les gamètes de la mère d'intention ? » Dans cette demande d'avis consultatif, la Cour de cassation traçait elle-même la voie qui allait permettre de surmonter cette quadrature avec cette troisième question : pour établir le lien de filiation, la mère d'intention pourrait-elle adopter les enfants de son conjoint ?

L'avis que rendent les dix-sept juges de la Grande Chambre de la CEDH, le 10 avril 2019, a des allures de jugement de Salomon. La Cour considère que « l'impossibilité générale d'obtenir une reconnaissance du lien entre un enfant né d'une GPA pratiquée à l'étranger et la mère d'intention n'est pas conciliable avec l'intérêt de l'enfant ». Le droit français, poursuivent-ils, doit ainsi offrir une « possibilité de reconnaissance » de ce lien, afin que « l'incertitude » sur la filiation de l'enfant soit la plus brève possible.

Fidèle au principe de subsidiarité qui ménage les particularismes nationaux, la Cour laisse cependant à la France le « choix des moyens » pour y parvenir, jugeant que cela « tombe dans la marge d'appréciation des États ». D'autres voies que la reconnaissance pure et simple de la filiation sont envisageables, suggèrent ainsi les juges européens qui semblent implicitement approuver la solution esquissée par la Cour de cassation. L'adoption, notent-ils, « produit des effets de même nature que la transcription de l'acte de naissance étranger ».

L'épilogue de cet interminable feuilleton judiciaire survient le 4 octobre 2019, dix-neuf ans presque jour pour jour après la naissance des jumelles Mennesson, quand la Cour de cassation reconnaît enfin leur filiation avec leur mère d'intention. « La France était le pays qui se vengeait sur les enfants de ce qu'avaient fait les parents », dira Sylvie Mennesson à la sortie de l'audience, le couple soulignant que reconnaître la filiation d'enfants nés de GPA à l'étranger ne revenait pas à légaliser la GPA en France.

Dans les semaines qui suivirent, s'alignant sur la jurisprudence de la Cour de cassation, plusieurs juridictions approuvent la transcription à l'état civil français d'actes de naissance d'enfants nés au Mexique ou aux États-Unis de GPA. Leur infliger une longue procédure d'adoption « porterait une atteinte disproportionnée à [leur] droit au respect de [la] vie familiale », alors qu'ils avaient déjà été maintenus dans l'incertitude pendant des années, estiment les magistrats français, désormais en phase avec la position de leurs homologues européens. Dans un arrêt rendu en novembre 2020, la Cour de cassation lève même les dernières restrictions à la transcription totale des actes d'état civil délivrés à l'étranger, permettant au parent non biologique d'être reconnu comme tel sans recourir à la procédure d'adoption ni prouver l'impossibilité ou l'inopportunité d'une adoption.

Signe de l'âpreté du débat politique sur la GPA, une loi relative à la bioéthique du 2 août 2021 revient cependant en arrière par le biais d'un « cavalier législatif[1] », en l'espèce un amendement déposé par le très

1. Un cavalier législatif est un article de loi qui introduit des dispositions étrangères à l'objet du projet de loi.

conservateur président du groupe Les Républicains au Sénat, Bruno Retailleau. Celui-ci s'inquiétait déjà en 2019 de la reconnaissance par la justice française de l'état civil des enfants nés de GPA à l'étranger. « Disons les choses une fois pour toutes : les "petits fantômes de la République" n'existent pas. Ces enfants disposent d'une identité, d'une nationalité – celle du pays de naissance, outre la nationalité française acquise de leur résidence ou de la nationalité française de l'un de leur parent –, mais également d'une filiation, établie à l'étranger, et que l'État connaît et reconnaît », écrivait-il dans une tribune publiée par FigaroVox.

Lors des débats au Sénat, Bruno Retailleau fera valoir « une crainte » : que cette loi sur la bioéthique ne soit en fait qu'une « étape » sur le chemin de la légalisation de la GPA en France. Il déposera un amendement visant à proscrire la transcription de l'état civil d'enfants nés de GPA à l'étranger dès lors que l'acte original mentionnerait comme mère une femme autre que celle qui a accouché ou deux pères. L'amendement sera finalement réécrit à l'Assemblée par une députée de La République en marche, Coralie Dubost, afin de permettre d'établir un lien de filiation à l'égard du parent biologique, ainsi que la loi française le permet, le second parent devant de nouveau recourir à une procédure d'adoption pour faire reconnaître son lien de filiation.

Vers une « GPA éthique » ?

Interdite en Allemagne, en Belgique, en Espagne, en Italie ou au Luxembourg, la GPA est en revanche autorisée avec plus ou moins de restrictions dans de nombreux pays comme la Grande-Bretagne, le Danemark, les Pays-Bas, l'Albanie, la Géorgie, la Grèce, le Canada, l'Ukraine ou Israël, ainsi que dans certains États fédérés américains.

Manifestement clivante, cette pratique soulève de nombreuses questions médicales, psychologiques, éthiques et religieuses. Pour certains, la GPA est une forme de « tourisme procréatif », relève de l'esclavage et porte atteinte à la dignité humaine. Pour d'autres, au contraire, il s'agit d'une forme ultime d'altruisme, un don de soi, un geste de solidarité envers les couples infertiles, affaire de liberté individuelle dès lors qu'il ne s'agit pas de tirer profit de la vulnérabilité financière ou psychologique de la mère porteuse. La philosophe féministe Élisabeth Badinter imaginait ainsi une « GPA éthique[1] » qui serait strictement encadrée et contrôlée par la justice et des psychologues, comme en Grande-Bretagne.

Ces débats sont évidemment loin d'être clos. Mais s'il fallait trouver quelque vertu à la décision de la CEDH, qu'on l'approuve ou non, ce serait d'abord d'avoir rappelé que l'« intérêt supérieur de l'enfant », consacré dès 1959 par la *Déclaration des droits de l'enfant* des Nations unies, doit l'emporter sur toute autre considération. Une nouvelle fois, la Cour aura ainsi apporté un apaisement bienvenu, quand l'âpreté des controverses nationales menait à une impasse juridique.

Une autre vertu de cette jurisprudence aura été de concourir à l'unité de l'Europe autour d'un plus petit commun dénominateur fondé, en l'occurrence, sur ces droits fondamentaux de l'enfant, tout en laissant aux États cette « marge d'appréciation » qui ménage les

1. Élisabeth Badinter, « Je suis pour une GPA éthique », entretien avec Isabelle Duriez et Valérie Toranian, *Elle*, 8 mars 2013.

singularités nationales. Sans l'arbitrage d'une justice européenne, qu'il s'agisse de la CEDH ou de la Cour de justice de l'Union européenne[1] (CJUE), il n'y aurait ni projet commun ni unité possible. Le délitement de l'Europe serait inéluctable.

1. La Cour de justice de l'Union européenne (CJUE) qui siège au Luxembourg, compte vingt-sept magistrats nommés par chacun des États membres de l'Union. Elle veille au « respect du droit dans l'interprétation et l'application » des traités européens par les vingt-sept, mais aussi par les institutions de l'Union.

9

CEDH, *fake news* et islam

Instruire le procès des juges, les accuser de tous les maux, en faire des boucs émissaires, les désigner à la vindicte populaire… L'instrumentalisation de la CEDH à des fins politiques est monnaie courante. Elle est d'autant plus tentante qu'il n'y a guère de risque d'être contredit. Les magistrats de la Cour n'ont d'autre moyen d'expression que leurs décisions. Il n'y a point de syndicat de la magistrature à la CEDH. Ses présidents successifs brillent par une prudence toute diplomatique. Ils ne courent pas les plateaux de télévision, ne croisent pas le fer avec leurs détracteurs. La tentation est donc grande de prendre des libertés avec la rigueur des faits, d'autant plus qu'en période de campagne électorale, cela peut rapporter gros.

En cette matière, le Rassemblement national excelle. Marine Le Pen, son ex-présidente, ne rate guère une occasion de s'en prendre à la Cour de Strasbourg, « surfant » sur l'islam et l'immigration, ses fonds de commerce, ainsi que sur une aversion atavique pour l'Europe.

L'épouvantail de la charia

En janvier 2019, Marine Le Pen présente ses vœux à la presse. Quelques semaines plus tôt, à la veille des fêtes de fin d'année, la CEDH a condamné la Grèce dont la Cour suprême justifiait le recours à la charia pour trancher un litige successoral, contre la volonté de la personne décédée. La CEDH relevait qu'à l'époque des faits la République hellénique était le seul pays d'Europe à soumettre une partie de ses citoyens à la loi islamique, y fussent-ils opposés.

Dans cette affaire, un Grec, membre de la minorité musulmane de Thrace, avait légué par un testament de droit commun tous ses biens à son épouse, Chatitze Molla Sali, lors de son décès en 2008. Mais les deux sœurs du défunt contestaient le testament, estimant que la charia devait prévaloir sur le Code civil grec. En première instance et en appel, la demande des sœurs avait été rejetée, mais la Cour de cassation, ainsi qu'un nouvel arrêt d'une cour d'appel, avaient fait droit à leurs demandes. En conséquence, la veuve du défunt avait perdu les trois quarts de l'héritage de son mari.

Le gouvernement grec faisait valoir que le recours à la charia, héritage de l'Empire ottoman dans des affaires concernant ses ressortissants musulmans, était « d'intérêt public » et visait à « protéger la minorité musulmane de Thrace », conformément aux traités de Sèvres (1920) et de Lausanne (1923) selon lesquels les coutumes et la loi sacrée musulmanes s'imposaient aux ressortissants grecs de confession musulmane.

La Grande Chambre de la CEDH, son instance suprême, en a jugé autrement, estimant que « le fait de refuser aux membres d'une minorité religieuse le droit d'opter volontairement pour le droit commun et d'en jouir » aboutissait « à un traitement discriminatoire ».

La « justification que la Grèce tire de la charia ou de ses obligations internationales n'est pas convaincante », ajoutaient les dix-sept juges de la Grande Chambre. De la même manière, insistaient-ils, lorsqu'un statut particulier est créé, l'État concerné doit « veiller » à ce qu'il soit appliqué « d'une manière non discriminatoire ».

Récapitulons : la Grèce avait soumis l'une de ses citoyennes à la loi islamique contre son gré – et celui de son défunt mari – et la CEDH avait condamné Athènes pour cela. Au détour de son arrêt, la Cour se félicitait d'ailleurs de l'évolution de la législation grecque intervenue entretemps, notant « avec satisfaction » que le recours au mufti pour statuer en matière de mariages, de divorces ou d'héritages n'était désormais plus « possible qu'en cas d'accord de tous les intéressés ».

L'extrême droite française en fera cependant une tout autre lecture que l'on pourrait résumer de la manière suivante : puisque la Cour de Strasbourg a condamné la Grèce dans le cas d'espèce, mais que l'arrêt ne condamne pas le recours à la charia en toutes circonstances, c'est donc que la CEDH approuve la charia. Un syllogisme, emblématique du renversement sémantique et des valeurs couramment opéré par Marine Le Pen.

« Bientôt la #Charia dans notre droit ? Ne nous parlez plus jamais des valeurs de l'Union européenne ! », tweete-t-elle rageusement, semblant donc ignorer que les juges européens ont exprimé leur « satisfaction » d'avoir vu la Grèce amender entre-temps sa législation pour, sinon proscrire la loi islamique, du moins pour la réserver aux seules affaires dans lesquelles toutes les parties reconnaissent sa primauté. Quant à l'Union européenne, faut-il le rappeler, elle est totalement étrangère à la CEDH, « filiale » du Conseil de l'Europe... Deux lignes et deux contrevérités énoncées sans vergogne par une avocate, de surcroît ancienne députée européenne.

Un communiqué accompagne le tweet. Il est de la même eau saumâtre. Sur le site du Rassemblement national, il est accompagné d'une photo avantageuse de la présidente du parti, rédigeant un document quelconque avec le sérieux d'une femme d'État. Mais le propos, en l'espèce, n'est qu'amalgames et invectives.

« Au cœur des fêtes de Noël, résonnant comme une provocation et ouvrant un peu plus la voie à une communautarisation progressive et rampante du droit européen, l'arrêt scandaleux et terriblement inquiétant de la Cour européenne des droits de l'homme doit interroger chaque Français », commence-t-elle.

Suit un tissu de contrevérités. La CEDH, écrit-elle, a « accepté le principe d'une application et la reconnaissance juridique de la loi musulmane en marge du droit commun, estimant qu'un État "peut créer un cadre juridique déterminé pour accorder aux communautés religieuses un statut spécial impliquant des privilèges particuliers" ». Une citation tronquée, puisque la Cour spécifiait qu'en tout état de cause toute dérogation au droit commun devait être appliquée « d'une manière non discriminatoire ».

« C'est là un revirement spectaculaire de la part de l'institution européenne qui, en 2003, déclarait encore la charia "incompatible avec les principes fondamentaux de la démocratie" », insiste pourtant Marine Le Pen.

Il est encore question d'une « porte ouverte à l'accélération du communautarisme islamique poussé par les flux migratoires », d'un « nouveau coup de boutoir » qui « vient s'ajouter à la déjà trop longue liste des reculs et des renoncements face à l'avancée du communautarisme ». L'amalgame est fait avec le Comité des droits de l'homme des Nations unies censé avoir autorisé « le port de la burqa dans l'espace public » et avoir condamné « la législation française dans ce domaine », ainsi qu'avec une autre décision « tout aussi obscurantiste de la CEDH » qui avait reconnu le délit de blasphème en Autriche « afin de préserver la paix religieuse en Europe, interdisant de fait toute critique de l'islam ».

« L'ensemble de ces décisions illustre clairement la nocivité des institutions politiques et juridiques européennes, gagnées au communautarisme le plus destructeur, mais également la dangerosité extrême du principe de subordination du droit national et donc de la souveraineté des États aux lois et au droit européen », ajoute la présidente du Rassemblement national. L'ennemi est donc de l'intérieur, mais aussi de l'extérieur et c'est l'Europe.

Conclusion de Marine Le Pen : « Si les Français ne veulent pas se réveiller un matin en découvrant que le droit de croire ou de ne pas croire, le droit de pouvoir changer de religion sans être inquiété, la liberté d'être ce que l'on est et de vivre comme on l'entend, sont désormais également soumis à la loi islamique, ils seraient bien avisés le 26 mai prochain de mettre un terme aux folles dérives d'une Union qui n'a plus d'européenne que le nom et qui est aujourd'hui porteuse de projets éminemment dangereux, antidémocratiques et conflictuels. » CQFD.

Ces considérations présentent une troublante ressemblance avec une tribune de Grégor Puppinck publiée deux jours plus tôt par FigaroVox, un espace de « débat avec des thématiques volontairement insolites et polémiques », autrement dit ce genre d'espace de débats où, sous prétexte d'affranchissement du politiquement correct, toutes les dérives et les manipulations sont possibles, surtout à droite et à l'extrême droite.

L'auteur se présente comme docteur en droit, directeur du Centre européen pour le droit et la justice (ECLJ) – en fait, l'antenne européenne d'un lobby évangéliste américain ultraconservateur présidé par Jay Sekulow, l'un des principaux avocats de Donald Trump – et membre du panel d'experts de l'Organisation pour la sécurité et la coopération en Europe (OSCE) sur la liberté de conscience et de religion, ce qu'il fut effectivement de 2016 à 2019. On rappelle aussi sa dernière publication en date : *Les Droits de l'homme dénaturé*, ouvrage paru aux éditions du Cerf en novembre 2018. Commentant l'arrêt de la Cour, ce pourfendeur de la CEDH relevait qu'elle condamnait l'« application forcée » de la charia, « mais pas la charia en elle-même », lui reprochant d'avoir « choisi une approche à la fois libérale et communautariste ».

Préserver la paix religieuse

Le second arrêt de la CEDH évoqué par Marine Le Pen et qui avait défrayé la chronique avait été rendu le 25 octobre 2018. La CEDH avait alors absous l'Autriche, poursuivie par l'une de ses citoyennes condamnées pour dénigrement de doctrine religieuse, ayant insinué que Mahomet avait des tendances pédophiles.

L'autrice des propos incriminés, Elisabeth Sabaditsch-Wolff, une conférencière proche du parti d'extrême droite autrichien FPÖ, avait été condamnée en février 2011 par le tribunal correctionnel régional de Vienne « pour dénigrement de doctrines religieuses » à une amende de 480 euros. En octobre et en novembre 2009, lors de deux « séminaires de haut niveau » organisés par le FPÖ, elle avait évoqué « le mariage entre le prophète Mahomet et la jeune Aïcha alors âgée de six ans et le fait que ledit mariage aurait été consommé lorsque celle-ci avait neuf ans », a rappelé la CEDH dans un arrêt du 25 octobre 2018. « En tant que seigneur de guerre, Mahomet consommait pas mal de femmes, si l'on peut s'exprimer ainsi, et il prenait aussi volontiers son plaisir avec des enfants », avait ajouté Elisabeth Sabaditsch-Wolff. Cet « homme de cinquante-six ans avec une fille de six ans, poursuivait-elle, de quoi s'agit-il, si ce n'est de pédophilie ? ».

Saisie par l'intéressée, la CEDH a jugé que sa condamnation ne constituait pas une violation de l'article 10 de la Convention européenne des droits de l'homme sur la liberté d'expression, une décision pesée au trébuchet. Les magistrats européens ont relevé que la justice autrichienne avait « apprécié de façon exhaustive le contexte général » dans lequel ces propos avaient été tenus et « soigneusement mis en balance » la liberté d'expression et « le droit des autres personnes à voir protéger leurs convictions religieuses » dans « le but légitime consistant à préserver la paix religieuse en Autriche ».

Ils avaient également, toujours selon la cour de Strasbourg, « avancé des motifs pertinents et suffisants » pour considérer que ces propos outrepassaient « les limites admissibles d'un débat objectif » et pour les qualifier « d'attaque abusive contre le prophète de l'islam risquant d'engendrer des préjugés et de menacer la paix religieuse ».

En 2011, le tribunal pénal régional de Vienne avait pointé les nombreuses approximations d'Elisabeth Sabaditsch-Wolff qui s'était abstenue de rappeler « que le mariage avait duré jusqu'à la mort du Prophète et qu'à ce moment Aïcha avait déjà dix-huit ans et avait donc dépassé le stade de la puberté ». De la même manière, avait-il noté, la conférencière avait omis de relever que, dans le contexte de l'époque, il y a bien plus de mille ans, « les mariages d'adultes avec des enfants ne pouvaient être assimilés à de la pédophilie » et n'étaient « pas propres à l'islam », le phénomène étant même « largement répandu dans les dynasties régnantes européennes ». Conclusion des magistrats autrichiens : Elisabeth Sabaditsch-Wolff n'avait pas eu « l'intention d'aborder son sujet de manière objective », mais plutôt de « dénigrer Mahomet ».

En décembre 2011, la cour d'appel de Vienne avait confirmé ce jugement, estimant « que le tribunal avait eu raison de distinguer entre le mariage d'adultes avec des enfants et la pédophilie » et de considérer que les déclarations incriminées « ne pouvaient qu'apparaître injustes et insultantes aux yeux de musulmans, quand bien même Mahomet aurait épousé une enfant de six ans et aurait eu des relations avec elle lorsqu'elle avait eu neuf ans ». Elle relevait aussi que les propos d'Elisabeth Sabaditsch-Wolff ne reposaient « sur aucune source crédible, observant qu'aucun document ne suggérait que ses autres épouses ou concubines fussent d'un âge comparable » à Aïcha, la première femme de Mahomet étant de quinze ans son aînée.

De la même manière, la Cour suprême autrichienne, « tout en reconnaissant l'importance du débat sur la question des contacts sexuels entre adultes et enfants », avait rejeté deux ans plus tard le recours d'Elisabeth Sabaditsch-Wolff, estimant qu'elle cherchait « surtout à diffamer Mahomet ».

Approuvant ces décisions, la CEDH ne s'en était pas moins gardée de délivrer un blanc-seing aux autorités religieuses. « Ceux qui choisissent d'exercer la liberté de manifester leur religion [...] ne peuvent s'attendre à le faire à l'abri de toute critique » et « doivent tolérer et accepter le rejet par autrui de leurs croyances religieuses », avait-elle souligné. Mais, lorsque des propos « outrepassent les limites d'un rejet critique » ou sont « susceptibles d'inciter à l'intolérance religieuse », un État « peut légitimement les considérer comme incompatibles avec le respect de la liberté de pensée, de conscience et de religion, et prendre des mesures restrictives proportionnées », poursuivait son arrêt.

Garantir la liberté d'expression et promouvoir la tolérance

Il s'agissait donc d'un équilibre subtil entre la liberté d'expression, d'une part, et la protection des convictions religieuses, de l'autre, comme le montrera une autre affaire concernant cette fois Doda, de son vrai nom Dorota Rabczewska, pop star condamnée pour « blasphème » en 2012 à 5 000 zlotys d'amende, soit près de 1 100 euros, par la justice polonaise après avoir déclaré que la Bible était l'œuvre d'une « personne défoncée au vin et à l'herbe ».

Ces déclarations avaient été considérées par les juges polonais comme « délibérément insultantes et méprisantes à l'égard des croyants ». Mais la CEDH a estimé qu'elles « ne constituaient pas une attaque inappropriée ou abusive contre un objet de vénération religieuse, susceptible d'inciter à l'intolérance religieuse ou de violer l'esprit de tolérance, qui est l'une des bases d'une société démocratique ». Aussi avait-elle condamné la Pologne en septembre 2022 à verser 10 000 euros à la chanteuse.

Cette dernière répondait « à la question de la journaliste sur sa vie privée, s'adressant à son public dans un langage compatible avec son style de communication, délibérément frivole et coloré, dans l'intention de susciter l'intérêt », a analysé la CEDH. Ainsi, les magistrats européens ont considéré que, même si l'entretien comportait « des déclarations qui ont pu choquer ou déranger certaines personnes », cela ne devait pas entraver « la jouissance de la liberté d'expression ».

« Un groupe religieux doit tolérer le déni par d'autres de leurs croyances religieuses et même la propagation par d'autres de doctrines hostiles à leur foi, tant que les déclarations en question n'incitent pas à la haine ou à l'intolérance religieuse », concluait l'arrêt de la Cour.

Ainsi la CEDH a-t-elle tracé clairement les frontières de la liberté d'expression, qui s'arrête là où commencent les discours de haine et d'appel à la violence.

Un arrêt rendu le 1er juillet 2014 par la Grande Chambre de la Cour illustre cette ligne de crête sur laquelle évoluent les magistrats européens. Il concernait l'interdiction du voile dissimulant le visage dans l'espace public en France, introduite par une loi du 11 octobre 2010 lors du quinquennat de Nicolas Sarkozy. La Cour était saisie par une musulmane pratiquante, portant burqa et niqab. Cette personne assurait porter de son plein gré ces vêtements couvrant entièrement son corps à l'exception des yeux, jugeant leur interdiction discriminatoire.

La Cour lui avait donné partiellement raison, reconnaissant que cette interdiction du voile intégral avait « des effets négatifs spécifiques sur la situation des femmes musulmanes qui, pour des motifs religieux », souhaitaient le porter dans l'espace public. Cette restriction à la liberté religieuse reposait toutefois, selon les magistrats européens, sur « une justification objective et raisonnable », à savoir des impératifs de « sûreté publique » ou de « sécurité publique ». Ils disaient ainsi « comprendre » qu'un « État juge essentiel de pouvoir identifier les individus afin de prévenir les atteintes à la sécurité des personnes et des biens et de lutter contre la fraude identitaire ». Quant à la sanction pénale encourue, à savoir une amende de 150 euros, assortie de la possibilité pour le juge de prononcer en même temps ou à la place une obligation d'accomplir un stage de citoyenneté, elle figurait « parmi les plus légères » que le législateur pouvait envisager, relevait encore la CEDH.

La France avait ainsi échappé à une condamnation, mais de peu, la Cour ne ménageant pas ses critiques. Ainsi, l'argument du gouvernement sur l'égalité entre les hommes et les femmes ne l'avait « pas convaincue », dans la mesure où la requérante revendiquait elle-même le droit de se vêtir ainsi au nom notamment de la « liberté de pensée, de conscience et de religion », garantie par l'article 9 de la Convention européenne des droits de l'homme.

De la même manière, les magistrats européens estimaient que, même si ces vêtements étaient perçus « comme étranges par beaucoup », ils étaient « l'expression d'une identité culturelle qui contribue au pluralisme dont la démocratie se nourrit ». Quant au « respect des exigences minimales de la vie en société », autrement dit le « vivre ensemble », également invoqué par le gouvernement, il devait faire selon eux l'objet d'un « examen attentif » compte tenu de la « flexibilité » de cet argument. La Cour notait ainsi qu'il ressortait « clairement de l'exposé des motifs qui accompagnait le projet de loi » que cette interdiction n'avait pas eu « pour objectif principal de protéger des femmes contre une pratique qui leur serait imposée ou qui leur serait préjudiciable ».

Elle observait de surcroît qu'« au regard du nombre de femmes concernées, soit environ mille neuf cents femmes par rapport aux quelque soixante-cinq millions d'habitants » que comptait alors la France et au nombre de musulmans qui y vivaient, cette mesure pouvait paraître « démesurée ».

« La loi du 11 octobre 2010 et certaines controverses qui ont accompagné son élaboration ont pu être ressenties douloureusement par une partie de la communauté musulmane, y compris par ceux de ses membres qui ne sont pas favorables au port du voile intégral », ajoutait la Cour, se disant « très préoccupée par les propos islamophobes ayant marqué le débat » qui l'avait précédée. Si, comme elle le reconnaissait, il ne lui appartenait pas « de se prononcer sur l'opportunité de légiférer en la matière », cela ne l'empêchait guère de souligner « qu'un État qui s'engage dans un processus législatif de ce type prend le risque de contribuer à la consolidation des stéréotypes qui affectent certaines catégories de personnes et d'encourager l'expression de l'intolérance, alors qu'il se doit au contraire de promouvoir la tolérance ».

Pour autant, nuançait-elle encore, « lorsque des questions de politique générale sont en jeu, sur lesquelles de profondes divergences peuvent raisonnablement exister dans un État démocratique, il y a lieu d'accorder une importance particulière au rôle du décideur national », la France disposant donc « en l'espèce d'une ample marge d'appréciation ».

En conséquence, notamment au regard de cette marge d'appréciation, la loi du 11 octobre 2010 pouvait passer pour proportionnée au but poursuivi, à savoir la préservation des conditions du « vivre ensemble » en tant qu'élément de la « protection des droits et libertés d'autrui » et la restriction litigieuse paraître « nécessaire dans une société démocratique ».

Inutile de préciser que cette décision, touchant à l'un des débats les plus explosifs en France, a suscité d'innombrables réactions. Certaines ONG, telle Human Rights Watch, y ont vu une « interdiction discriminatoire » entravant « le droit des femmes à exprimer librement leur religion et leurs convictions, ainsi que leur droit à l'autonomie personnelle ». À l'extrême droite en revanche, Marine Le Pen et Éric Zemmour plaident pour une interdiction totale du voile dans l'espace public, même si cela paraît contrevenir à la Charte des droits fondamentaux de l'Union européenne et à la Convention européenne des droits de l'homme.

10

Turquie, l'État de non-droit

L'exercice est périlleux, mais il se veut discret. Quand il s'envole pour la Turquie, le jeudi 3 septembre 2020, le nouveau président italo-islandais de la CEDH, Robert Spano, ne peut ignorer que ce déplacement est à haut risque, tant pour la réputation de l'institution que pour la sienne. Le service de presse de la Cour s'est abstenu d'annoncer cette visite à Istanbul et Ankara. L'usage, dira-t-il, veut que les déplacements du président de la CEDH dans les États membres du Conseil de l'Europe ne soient jamais rendus publics préalablement. Mais la Turquie n'est pas n'importe quel État membre. Dans ce pays qui figurait parmi les tout premiers adhérents de l'organisation paneuropéenne, une répression implacable s'abat depuis des années sur tout ce qui peut ressembler de près ou même de très loin à une opposition au règne sans partage du président Recep Tayyip Erdoğan.

Le pays le plus condamné par la CEDH

Le coup d'État manqué du 15 juillet 2016, attribué par Erdoğan au prédicateur Fethullah Gülen, exilé aux États-Unis, a précipité la dérive autocratique du régime, consacrant le divorce entre ces deux hommes, autrefois alliés et désormais ennemis irréductibles. En réalité, il n'y avait de place que pour un seul et ce sera donc Erdoğan, nommé Premier ministre en 2003 puis élu président en 2014.

« Nous n'avons jamais fait de compromis sur la démocratie et nous n'en ferons jamais », ose avancer celui-ci. Mais la réalité est aux antipodes. Au lendemain de la tentative de putsch d'une partie des forces armées turques qui a fait au moins deux cent cinquante morts et dix fois plus de blessés, Ankara a décrété l'état d'urgence et annoncé que la Turquie dérogerait temporairement à la Convention européenne des droits de l'homme. Prétexte invoqué : la France en avait fait de même quelques mois auparavant, après la série d'attentats djihadistes qui avaient ensanglanté Paris.

Rien de comparable toutefois. Certes, l'état d'urgence décrété par Paris avait permis les perquisitions de jour comme de nuit sans autorisation judiciaire, l'accès aux données informatiques ou l'assignation à résidence de toute personne susceptible de représenter une « menace pour la sécurité et l'ordre public ». Mais la France n'en restait pas moins un État de droit, quand la Turquie faisait preuve depuis des décennies déjà d'une remarquable constance dans la violation massive des droits de l'homme.

Dans les mois suivant la tentative de putsch, quelque cent soixante mille fonctionnaires, militaires, magistrats, universitaires, journalistes ou blogueurs turcs ont essuyé les foudres du pouvoir, licenciés, embastillés et parfois même torturés, selon un rapport du haut-commissaire des Nations unies aux droits de l'homme, Zeid Ra'ad al-Hussein dénonçant une répression « arbitraire ». Près de quatre mille cinq cents condamnations ont été prononcées, dont les deux tiers à la prison à vie à l'issue de procès expéditifs, bafouant les droits les plus élémentaires de la défense.

Une répression sans merci s'est également abattue sur la presse turque, Erdoğan promettant de faire « payer le prix » à tous les médias censés avoir apporté leur soutien au coup d'État. Six mois plus tard, cent soixante-dix médias étaient fermés et sept cent soixante-quinze cartes de presse annulées[1]. Plus de cent cinquante journalistes[2] ont été placés en détention. Sous couvert de l'état d'urgence, l'appareil judiciaire turc les condamnait à tour de bras pour leurs liens supposés avec des « organisations terroristes », « attaque ou insulte contre le président de la République » ou « activités subversives ». Certains ignoraient tout simplement quelles charges pesaient sur eux. Dix mille se sont retrouvés au chômage. Et la Turquie s'est vue reléguée dans les profondeurs du classement de la liberté de la presse établi par Reporters sans frontières, à la 165e place sur 180 en 2023.

L'appareil judiciaire turc a lui aussi subi de plein fouet cette répression aveugle : 2735 juges ont été suspendus après la tentative de putsch, dont plus de cinq cents ont saisi la CEDH. Parmi ceux-ci figuraient même plusieurs hauts magistrats de la Cour constitutionnelle, victimes d'arrestations arbitraires, de révocations et d'emprisonnements en l'absence de tout élément de preuve.

La Turquie s'est ainsi arrogé le triste record des pays les plus condamnés par la CEDH depuis sa création en 1959 avec 3820 condamnations, devant la Russie (3116) et l'Italie (2466).

Ses relations avec le Conseil de l'Europe sont devenues pour le moins houleuses. Désireuse de renforcer son ancrage européen, elle en était devenue en 2016 l'un des six « grands contributeurs » avec la France, le

1. Selon les décomptes des ONG.
2. Selon la plate-forme P 24 pour un journalisme indépendant, une ONG de défense de la liberté de la presse en Turquie.

Royaume-Uni, l'Allemagne et l'Italie, portant son écot annuel à l'organisation à 33 millions d'euros. Mais elle y avait renoncé dès l'année suivante, ulcérée par l'attribution du prix Vaclav Havel des droits de l'homme de l'Assemblée parlementaire du Conseil de l'Europe à l'ancien rapporteur de la Cour constitutionnelle turque, Murat Arslan, emprisonné depuis la tentative de coup d'État de 2016.

Une visite controversée

Tout ceci n'empêche donc pas Robert Spano de se rendre dans ce pays et d'y recevoir un diplôme de docteur *honoris causa* délivré en grande pompe par l'Université d'Istanbul, un « honneur » qui ne tarde pas à être ébruité et laisse pantoises les victimes de la répression.

« Je ne sais pas à quel point il est réjouissant de devenir un membre honoraire d'une institution qui a condamné des centaines d'universitaires au chômage et à la pauvreté en les virant de manière injuste », s'indigne Mehmet Altan, écrivain, journaliste, homme de télévision et professeur d'économie, dans une lettre ouverte à Robert Spano. « Qu'est-il venu faire à l'Université d'Istanbul, où près de deux cents enseignants ont été limogés de façon arbitraire ? », s'interroge encore cet intellectuel réputé qui observe que « le jour où le dossier des universitaires arrivera devant la Cour, le juge Spano apparaîtra comme celui qui a reçu une récompense de la partie mise en accusation ».

Mehmet Altan, qui avait étudié à la Sorbonne et enseigné pendant une trentaine d'années à l'Université d'Istanbul, a lui-même été victime des purges de 2016. Condamné à la prison à vie le 17 février 2018 pour « tentative de renversement de l'ordre constitutionnel », il a passé un peu moins de deux ans derrière les barreaux avant d'être finalement acquitté, mais sans retrouver son poste à l'université. La justice turque lui reprochait d'avoir diffusé un « message subliminal » en faveur du coup d'État lors d'un débat télévisé, à la veille de ce putsch manqué…

La CEDH était d'ailleurs intervenue dans ce dossier, se prononçant pour la première fois en mars 2018 sur le sort des journalistes poursuivis après le coup d'État de 2016. La Cour avait pointé la situation ubuesque créée par deux tribunaux d'Istanbul qui avaient refusé pendant plusieurs mois d'exécuter un arrêt de la Cour constitutionnelle turque du 11 janvier 2018 ordonnant la remise en liberté conditionnelle de Mehmet Altan.

Au-delà des défenseurs des droits de l'homme, la visite du président de la CEDH a « provoqué la colère de nombreux internautes, excédés par sa décision de ne pas rencontrer de personnalités de l'opposition, de militants des droits de l'homme, de familles des prisonniers d'opinion. "Honte !", "Scandale !", "Déshonneur !" ont fusé sur Twitter où le mot #SpanoResign (#SpanoDémission) a fait son apparition », rapporte la correspondante du *Monde*, Marie Jégo, qui cite également un tweet du journaliste turc Can Dündar, exilé depuis 2016 en Allemagne : « L'homme a détruit en trois jours une réputation de trente ans. »

À la tribune de l'Université d'Istanbul, face à un public « trié sur le volet » où ne figurent ni étudiants ni journalistes, note encore Marie Jégo, Robert Spano prend moult précautions oratoires pour recevoir son titre de docteur *honoris causa*. Il est de « tradition » d'accorder ces honneurs aux présidents de la Cour qui ne les ont jamais refusées, fait-il valoir. « Sur cette base, j'accepte cette distinction de la part de cette très prestigieuse institution, qui existe depuis des siècles, dans la mesure où cela me donne également, en tant qu'ancien universitaire, la possibilité de souligner le rôle fondamental de la liberté académique et de la liberté d'expression dans une démocratie régie par l'État de droit », déclare le président de la CEDH, qui feint de croire qu'en lui attribuant cette distinction honorifique, ses hôtes entendaient démontrer leur « attachement aux valeurs défendues par la Cour de Strasbourg ».

Pendant ce temps, la répression bat son plein. Une semaine avant sa visite, une avocate, Ebru Timtik, condamnée à treize ans et demi de prison pour « appartenance à une organisation terroriste », est décédée en détention au deux cent trente-huitième jour de sa grève de la faim. Elle réclamait un procès équitable.

Quand Robert Spano retrouve Recep Tayyip Erdoğan à Ankara, tous deux se tiennent à distance respectable l'un de l'autre sur la photo de l'AFP qui immortalise une rencontre qu'à leurs mines figées on devine glaciale. Mais le mal est fait. Le président turc a remporté la mise. D'une certaine manière, cette visite a contribué à légitimer le régime.

Et les admonestations de son hôte, lui rappelant l'« obligation » pour les États membres du Conseil de l'Europe d'exécuter les arrêts de la Cour ou de respecter l'indépendance de la magistrature et la liberté d'expression, apparaissent bien vaines en l'absence de dénonciation explicite et publique des multiples violations des droits de l'homme dont il s'est rendu coupable.

Prisonniers politiques

Ces rappels à l'ordre n'ont eu d'ailleurs aucun effet sur le sort des deux figures emblématiques de l'opposition, Osman Kavala et Selahattin Demirtaş, victimes d'un acharnement judiciaire devenu le symbole d'une justice dévoyée par un État de non-droit. La CEDH et le Conseil de l'Europe ont eu beau exiger à de multiples reprises leur remise en liberté immédiate, ils croupissent toujours en prison.

Le premier est un homme d'affaires, éditeur et mécène, qui œuvrait en faveur de la minorité kurde, de la réconciliation avec l'Arménie et de la démocratisation de son pays. Fondateur de nombreuses ONG de défense des droits de l'homme, à vocation culturelle, sociale ou de protection de l'environnement, Osman Kavala, né en 1957 à Paris, représente tout ce que le régime ultranationaliste d'Erdoğan déteste le plus. Arrêté le 18 octobre 2017 et emprisonné sous l'accusation de « tentative de renversement du gouvernement et de l'ordre constitutionnel par la force et la violence », passible de la réclusion à perpétuité, il a d'abord été accusé d'avoir financé le « mouvement de Gezi ». Cette révolte populaire, sorte de « printemps turc », avait rassemblé en 2013 des dizaines de milliers de manifestants qui protestaient à travers tout le pays contre la dérive autoritaire d'Erdoğan, des manifestations durement réprimées

Dans un arrêt de décembre 2019, la CEDH a exigé la « libération immédiate » d'Osman Kavala, considérant « établi au-delà de tout doute raisonnable » que l'acharnement des autorités à son encontre poursuivait « un but inavoué », à savoir « réduire le requérant au silence » et exercer « un effet dissuasif sur le travail des défenseurs des droits de l'homme ». Il n'y avait aucune « raison plausible de le soupçonner d'avoir commis une quelconque infraction », concluaient les magistrats européens, toute la procédure ne reposant que sur « un simple soupçon ».

La justice turque l'a elle-même acquitté le 18 février 2020, ordonnant sa remise en liberté. Mais la joie de ses soutiens et de ses proches a été de courte durée. Le jour même et sur ordre du procureur de la République d'Istanbul, Osman Kavala était placé en garde à vue au siège de la police antiterroriste, puis de nouveau écroué, accusé cette fois d'avoir participé au coup d'État de 2016.

Le 25 avril 2022, le pouvoir est finalement parvenu à ses fins. Bête noire d'Erdoğan, Osman Kavala a été condamnée à la « perpétuité aggravée ». Cette peine – la plus lourde prévue par le Code pénal turc – s'était substituée à la peine capitale abolie en 2002. Il devrait ainsi rester derrière les barreaux jusqu'à sa mort, soumis à un strict régime de sécurité.

Ankara ignorant les nombreux appels en faveur de son élargissement, le Comité des ministres du Conseil de l'Europe, exécutif où siègent les représentants de ses États membres et qui veille à l'exécution des décisions de la CEDH, a donc exigé à plusieurs reprises sa libération, sans plus de succès, mais sans prononcer non plus de quelconques sanctions à l'égard de la Turquie.

Pour la presse gouvernementale qui le qualifie régulièrement de « milliardaire rouge », Osman Kavala est une sorte d'homologue turc de George Soros, le philanthrope américain d'origine hongroise, créateur des Open Society Foundations (OSF) qui financent de nombreuses organisations de défense des droits de l'homme à travers le monde.

En novembre 2018, visée par une campagne de presse et le régime qui l'accusaient d'être liée au soulèvement populaire de 2013, l'OSF avait d'ailleurs décidé de cesser ses activités en Turquie. L'occasion pour Erdoğan de fustiger Osman Kavala « qui a financé les terroristes durant les incidents de Gezi et est déjà en prison. Et qui est derrière lui ? Le célèbre juif hongrois Soros. Cet homme charge des personnes de diviser les nations, de les briser. Il a plein d'argent et en dépense une partie de cette façon », avait-il enchaîné dans un discours aux forts relents antisémites.

Quant à Selahattin Demirtaş, il s'agit d'un leader kurde, coprésident du Parti démocratique des peuples (HDP). Emprisonné pour « propagande terroriste » ou « dénigrement de la nation turque » depuis novembre 2016, il encourt cent quarante-deux ans de prison dans le principal dossier qui le vise. À deux reprises, en novembre 2018 et, quelques semaines après la visite du juge Spano en Turquie, en décembre 2020, la CEDH a exigé sa remise en liberté « dans les plus brefs délais ».

La première demande a été balayée d'un revers de main par Erdoğan. Pour le président turc, le HDP n'est autre que la vitrine politique du PKK, le Parti des travailleurs du Kurdistan, qui figure sur la liste des organisations terroristes établie par Ankara, mais aussi sur celles de l'Union européenne, des États-Unis, du Canada ou de l'Australie. « Les décisions de la CEDH ne nous contraignent aucunement. Nous allons contre-attaquer et mettre un point final à cette affaire », a claironné l'homme fort de la Turquie, au mépris des engagements pris par son pays, signataire de la Convention européenne des droits de l'homme et, par voie de conséquence, censé exécuter les décisions de la CEDH en vertu de son article 47.

Constatant de multiples et flagrantes violations de la Convention européenne des droits de l'homme, la Cour a considéré que, même s'il avait été arrêté pour « des raisons plausibles », la détention de Selahattin Demirtaş, ancien député et candidat à deux reprises à la présidence – faisant campagne la seconde fois, en 2018, depuis sa cellule et obtenant un peu plus de 8 % des suffrages

– poursuivait en réalité « un but inavoué, à savoir celui d'étouffer le pluralisme et de limiter le libre jeu du débat politique, qui se trouve au cœur même de la notion de société démocratique ».

Selahattin Demirtaş a subi le même sort qu'Osman Kavala. Alors qu'en septembre 2019 il devait bénéficier d'une libération conditionnelle, il a été de nouveau placé en détention provisoire le jour même de sa libération, visé par toute une série d'infractions : atteinte à l'unité et à l'intégrité de l'État, incitation au meurtre, incitation au vol avec violence…

En fin de compte, le déplacement controversé de Robert Spano n'aura servi qu'à une chose : révéler, s'il en était encore besoin, le talon d'Achille du Conseil de l'Europe, écartelé entre sa mission première, la défense des droits de l'homme, et sa volonté de conserver à tout prix la Turquie et la Russie dans son giron pour préserver cette dimension paneuropéenne qui le distingue de sa grande rivale, l'Union européenne.

Un piètre résultat.

11

Poutine, dissidence et bras de fer diplomatique

Longtemps, nous nous sommes bercés d'illusions, voulant croire que Poutine, autocrate mafieux, kagébiste irréductible et nostalgique de la Russie éternelle, poursuivrait sa quête de respectabilité. Malgré tout. Malgré le conflit avec la Géorgie, l'invasion de la Crimée, l'embastillement de son principal opposant, Alexeï Navalny, les innombrables violations des droits humains, les exécutions ciblées, les empoisonnements d'agents doubles…

La Russie inquiétait. Poutine inquiétait. Son regard reptilien et ses manières brutales n'auguraient rien de bon. Mais on l'imaginait se rapprochant de ses voisins occidentaux, non en vertu de quelconques affinités électives, mais mû par les intérêts bien compris de son pays. C'était ignorer que Moscou se rêvait de nouveau grande puissance après l'humiliation du démantèlement de l'URSS et caressait un rêve nationaliste et impérialiste sur fond d'exaltation de l'« âme slave », si chère au maître du Kremlin.

Dans cette vaste histoire, le Conseil de l'Europe et, à travers lui, la CEDH ont été les otages d'une duperie soigneusement orchestrée par la Russie, dès le début des années 1990 et jusqu'à son exclusion du Conseil, en février 2022.

Histoire d'une duperie

Dans les années 2010, la Russie menait le jeu en Syrie, damait le pion aux forces françaises dans leur pré carré africain et avait annexé la Crimée sans que les sanctions occidentales ne brisent cet élan et ne parviennent à ternir l'étoile de Poutine auprès de son propre peuple. Mais cette Russie était aussi un village Potemkine. Derrière la façade rutilante de Moscou : un pays exsangue, affichant piteusement le PIB de l'Espagne, incapable – du moins voulait-on s'en persuader – de financer éternellement sa montée en puissance militaire par la seule manne du pétrole et du gaz.

Pour les Occidentaux, il était donc tentant de jouer sur les deux tableaux, comme au bon vieux temps de la Guerre froide. Taper du poing sur la table quand Moscou dépassait les bornes et flatter Poutine pour mieux le circonvenir ou, plutôt, tenter de le circonvenir. Dans l'Allemagne de Willy Brandt, cela avait un nom : l'*Ostpolitik*, *Wandel durch Handel*, le « changement par le commerce », un concept de la fin des années 1960. D'une certaine manière, cela avait fonctionné, confortant la « détente » en pleine Guerre froide, tout en instillant le goût de la démocratie et des droits de l'homme du côté obscur du « rideau de fer ».

Avec Emmanuel Macron, l'Élysée a poursuivi une stratégie similaire. Tout à sa geste néogaullienne, le jeune président imaginait encore en 2019 un partenariat stratégique avec Moscou, recevant Vladimir Poutine au fort de Brégançon, la résidence d'été des présidents français, avec force sourires et poignées de mains démonstratives. Adepte de la « pensée complexe », le chef de l'État français caressait l'idée d'une Russie se rapprochant de ses voisins d'Europe occidentale pour échapper au statut peu enviable de

« vassal de la Chine ». La France, du moins voulait-elle le croire, voyait mieux et plus loin que le frère ennemi américain dont les services de renseignement ne cessaient pourtant d'alerter sur la montée en puissance du complexe militaro-industriel russe.

Survient l'invasion de l'Ukraine, le 24 février 2022, sonnant la fin des illusions. Tandis qu'Emmanuel Macron multipliait les échanges téléphoniques avec Poutine, s'accrochant encore à l'espoir ténu d'infléchir sa détermination guerrière, Moscou prenait congé de la plupart des instances internationales. Certes, la Russie a sauvé l'essentiel, restant l'un des cinq membres permanents du Conseil de sécurité de l'Onu. Mais, depuis la guerre de Tchétchénie, l'invasion milliaire de la Géorgie en 2008 et l'annexion de la Crimée en 2014, son isolement s'est accru, symbolisé par son exclusion du G8. Un nouveau rideau de fer s'élève en Europe.

Revenons aux origines. Pour le Conseil de l'Europe et la CEDH, tout commence peu après l'effondrement de l'ex-URSS, quand Moscou tente de renforcer son ancrage européen. L'heure est alors aux bonnes intentions. Le Kremlin affiche sa volonté de progresser sur la voie de la démocratie et des droits de l'homme. Et, le 7 mai 1992, à la fin de son premier mandat, Boris Eltsine présente officiellement la candidature de son pays à l'adhésion au Conseil. Cette candidature ne va pas de soi, tant la Russie est loin de répondre aux exigences minimales fixées par l'institution en matière de droits de l'homme et de libertés fondamentales[1]. La

1. Article 3 du statut du Conseil de l'Europe : « Tout membre du Conseil de l'Europe reconnaît le principe de la prééminence du droit et le principe en vertu duquel toute personne placée sous sa juridiction doit jouir des droits de l'homme et des libertés fondamentales. Il s'engage à collaborer sincèrement et activement à la

commission des questions juridiques de l'Assemblée parlementaire du Conseil émet un avis défavorable, estimant que la Russie ne peut « être considérée comme un État de droit ». Mais Eltsine fait valoir que l'adhésion de son pays représenterait un engagement irréversible sur la voie de sa démocratisation. Et cet argument finit par l'emporter face au scepticisme de ceux – et ils sont nombreux – qui n'y croient guère. Ce sera le péché originel du Conseil de l'Europe. Et il entraînera la CEDH dans son sillage.

La guerre en Tchétchénie, son effroyable violence et le sort terrible réservé aux populations civiles manquent toutefois de faire échouer le dessein du Kremlin. En février 1995, la procédure d'adhésion de la Russie est suspendue *sine die*. Elle ne reprend qu'au prétexte que Moscou cherche une solution politique au conflit.

Quand, le 25 janvier 1996, les deux cent quarante-neuf membres de l'Assemblée parlementaire du Conseil sont appelés à voter sur cette adhésion, le suspense est donc total. D'autant que les combats viennent de reprendre en Tchétchénie. Mais le Kremlin est à la manœuvre. « Jamais je n'ai vu une telle campagne de pression et de lobbying, extravagante et malsaine », observe le RPR[1] Jacques Baumel, opposant affirmé à une adhésion immédiate.

---

poursuite » des objectifs de l'institution, parmi lesquels figurent en bonne place « la sauvegarde et le développement des droits de l'homme et des libertés fondamentales ».

1. Parti néogaulliste créé en 1976, le Rassemblement pour la République (RPR), présidé jusqu'en 1994 par Jacques Chirac, se dissout en 2002 pour créer l'Union pour un mouvement populaire (UMP).

Moscou et les Occidentaux jouent à « je t'aime moi non plus ». En cas de vote défavorable, le Kremlin laisse clairement entendre qu'il tournera le dos à l'Europe et à ses valeurs. Quant aux Occidentaux – France et Allemagne en tête –, ils voient dans cette adhésion un « encouragement » à la Russie de progresser sur la voie du respect des droits de l'homme[1]. Sa conversion démocratique est tout à la fois incertaine, hautement perfectible et un pari sur l'avenir. Mais comment laisser un allié aussi puissant sur le bas-côté ? s'interrogent les chancelleries occidentales.

Si bien que Boris Eltsine parvient finalement à ses fins le 28 février 1996, jour de l'adhésion formelle de la Russie au Conseil de l'Europe. Le secrétaire général de l'institution, le Suédois Daniel Tarschys, se réjouit que l'organisation prenne ainsi, quarante-sept ans après sa fondation, la « pleine dimension paneuropéenne » dont rêvaient les pères fondateurs. Mais l'enthousiasme n'est guère au rendez-vous. Les mines sont graves à l'heure de la signature, à commencer par celle du chef de la diplomatie russe, Evgueni Primakov, un ancien haut responsable du KGB.

Côté face, l'adhésion de la Russie au Conseil de l'Europe ouvre effectivement à 148 millions de citoyens russes, en butte à l'arbitraire des juridictions de leur pays et à d'innombrables violations des droits de l'homme, les portes de la CEDH. Un indéniable progrès qui signe aussi, aux yeux des Occidentaux, la fin de la Guerre froide et de la logique des blocs.

1. Jean-Pierre Massias, « La Russie et le Conseil de l'Europe : dix ans pour rien ? », Institut français des relations internationales, Russie.Nei.Visions, n° 15, janvier 2007.

Mais, côté pile, elle offre à la Russie une tribune, aussi modeste soit-elle, au cœur de l'Europe occidentale, dont Moscou usera abondamment par la suite pour croiser le fer avec les Géorgiens ou les Ukrainiens, très présents à Strasbourg. Être membre du Conseil confère aussi une certaine crédibilité à la conversion démocratique du régime, même si le pays est encore loin du compte en termes de droits humains.

« Jour de honte pour les démocrates européens »

L'adhésion de Moscou était ainsi moins le fruit d'acquis solides en la matière qu'un pari sur l'avenir. La Russie, accueillie au prix d'importantes concessions, avait-elle sincèrement l'intention de se conformer aux standards démocratiques prônés par le Conseil de l'Europe ? Celui-ci n'avait-il pas mis le doigt dans un engrenage infernal ? Ne s'était-il pas lié les mains ? La CEDH pourrait-elle réellement voler au secours des citoyens russes victimes de la vindicte du Kremlin ?

La réponse ne tarde guère à être apportée lorsque éclate, à l'automne 1999, une nouvelle crise avec la deuxième guerre de Tchétchénie, déclenchée par le Premier ministre russe d'alors, Vladimir Poutine.

L'APCE dénonce, entre autres exactions, « la destruction totale et gratuite de la ville de Grozny », qu'elle considère comme « l'exemple le plus frappant d'une action militaire aveugle et disproportionnée qui a coûté la vie à des centaines, voire des milliers de civils », la « poursuite des attaques contre la population civile, allant du recours aux bombardements aériens et à d'autres armes lourdes dans des zones à forte densité de population jusqu'à la perpétration de crimes de guerre, y compris des meurtres et des viols de civils, par les troupes fédérales », l'« arrestation et la détention arbitraires dont feraient l'objet des non-combattants », les « mauvais traitements qui leur seraient ensuite infligés pendant leur détention » et « la poursuite de l'utilisation de jeunes conscrits dans la campagne militaire en République tchétchène ».

Une sale guerre, donc, qui conduit, le 6 avril 2000, l'APCE à priver de leur droit de vote, par soixante-dix-huit voix pour, soixante-neuf contre et huit abstentions, les dix-huit parlementaires russes qui siègent sur ses bancs. L'Assemblée appelle par ailleurs à engager une procédure de suspension de la Russie et encourage les États membres à porter plainte contre ce pays devant la CEDH.

En réaction, la Douma dénonce tour à tour une « erreur historique » et une « position discriminatoire ». Quant à Poutine, il laisse passer l'orage, parle d'une « mauvaise compréhension » des efforts déployés par son pays pour protéger l'Europe des « extrémistes » et « éradiquer le terrorisme ». Moscou menace aussi de ne plus verser son écot au Conseil de l'Europe.

Même symbolique, le bannissement des parlementaires russes sera de courte durée. Une brève visite en Tchétchénie d'une délégation du Conseil suffira pour lever la sanction. La délégation constate une amélioration du système judiciaire, en dépit des exactions qui se poursuivent. Peu importe aussi que Poutine vienne de confier au FSB, l'ex-KGB, le commandement des opérations militaires en Tchétchénie, garantie, à n'en point douter, d'un respect scrupuleux des droits de l'homme…

Le 25 janvier 2001, la délégation russe est pleinement rétablie dans ses droits par quatre-vingt-huit voix pour, vingt contre et onze abstentions. Moscou s'en réjouit. L'APCE « s'est rendu compte que la Russie n'est pas un élève que l'on peut exclure de la classe, qu'il vaut mieux travailler de concert avec elle pour le respect des droits de l'homme que de jouer la confrontation », lâche un diplomate russe. Mais l'éditorial du *Monde* parlera d'un « jour de honte pour les démocrates européens », estimant que le Conseil « s'est déshonoré [...], cédant lâchement aux pressions de Moscou ».

En 2005, une condamnation de la Russie par la CEDH, saisie par six Tchétchènes pour de multiples exactions commises par les troupes russes en Tchétchénie (exécutions sommaires, tortures, bombardements meurtriers de populations civiles...) entre octobre 1999 et février 2000, provoquera un nouveau regain de tension entre le Conseil de l'Europe et le Kremlin.

Sanctions symboliques et contre-offensive du Kremlin

Et des années plus tard, en février 2014, l'histoire se répète. Cette fois, l'élément déclencheur est l'annexion de la Crimée par la Russie. Le Conseil de l'Europe apparaît alors comme l'arrière-cour diplomatique du conflit qui oppose Moscou et Kiev. De nouveau, Moscou brandit la menace de tourner le dos à cette Europe, *pasionaria* des droits de l'homme, pour se tourner vers la Chine.

Et de nouveau aussi, l'APCE « condamne fermement la violation de la souveraineté et de l'intégrité territoriale de l'Ukraine par la fédération de Russie » et sanctionne la délégation russe. Le 10 avril 2014 et à une très large majorité, les dix-huit parlementaires russes sont privés de leurs droits de vote, même s'ils sont toujours autorisés à siéger afin de garantir la continuité du « dialogue politique ». D'autres sanctions, tout aussi symboliques, les frappent. Ils ne pourront plus « être représentés au bureau de l'assemblée » comme à son « comité des présidents » et à sa commission permanente. Le « droit de participer à des missions d'observation des élections » leur est également retiré. La Russie n'aura plus son mot à dire sur le choix du commissaire aux droits de l'homme et des juges de la CEDH. Pas de quoi empêcher Poutine de dormir.

Président de la commission des Affaires étrangères de la Douma et de la délégation russe à l'APCE, Alekseï Pouchkov fustige une « farce politique » dans un tweet rageur. Les parlementaires russes répliquent en pratiquant la politique de la chaise vide. Et Poutine menace déjà de fermer le robinet du gaz russe à destination de l'Union européenne.

La situation se tend encore davantage à l'été 2014 avec, au cœur du litige, l'affaire Ioukos, à savoir le démantèlement de l'ancien groupe pétrolier détenu par l'oligarque russe et opposant Mikhaïl Khodorkovski, emprisonné pendant dix ans. Dans cette affaire, la Cour permanente d'arbitrage de La Haye condamne Moscou à verser 50 milliards de dollars aux anciens actionnaires du groupe, un montant sans précédent dans l'histoire des arbitrages. « On ne va pas rester les bras croisés, réplique Vladimir Poutine. [...] Nous ne reconnaissons pas l'autorité de ce tribunal. Nous allons défendre nos intérêts par voie de justice. » Quatre jours plus tard, la CEDH enfonce le clou, ordonnant à son tour à la Russie, et pour les mêmes raisons, de verser un peu moins de 1,9 milliard d'euros à ces mêmes actionnaires. Le groupe pétrolier, selon les juges européens, n'a pas bénéficié d'un procès équitable en Russie.

La réplique ne se fait guère attendre. En juillet, la Cour constitutionnelle russe, saisie par une centaine de députés, conteste l'ordre judiciaire international. Proclamant la « suprématie absolue » de la loi fondamentale du pays, elle prévient qu'elle n'appliquera plus « inconditionnellement » les décisions de la CEDH. « La participation de la Fédération de Russie à un accord international ne signifie pas qu'elle renonce à sa souveraineté nationale. La Cour européenne des droits de l'homme et les décisions prises sur son fondement ne peuvent remettre en cause la priorité de la Constitution. Leur mise en œuvre dans le système juridique national n'est possible qu'à la condition de reconnaître à la Constitution une force juridique supérieure[1] », prévient Moscou qui soutient même, contre toute évidence, que « ce raisonnement est conforme à la pratique de plusieurs hautes juridictions européennes (notamment de Grande-Bretagne, d'Italie ou d'Allemagne) », ainsi qu'à « la pratique judiciaire des Cours suprêmes des pays européens (notamment, l'Allemagne, l'Italie, l'Autriche et la Grande-Bretagne), "qui appliquent également le principe de la primauté des normes des constitutions nationales lors de l'exécution des décisions de la Cour européenne des droits de l'homme et des normes de la Convention de Vienne sur le droit des traités" ». La Cour suprême russe, précise le texte, pourra être saisie soit « lors de l'examen de la constitutionnalité » de lois auxquelles la CEDH a « trouvé des défauts », soit « à la demande du président ou du gouvernement de la Fédération de Russie ».

Fin 2015, la Douma met la touche finale à cette contre-offensive du Kremlin, adoptant à la quasi-unanimité une législation qui autorise la Cour suprême russe, saisie par le président ou le gouvernement, à passer outre les décisions de la CEDH, dès lors qu'elles seraient jugées contraires à la Constitution russe de 1953.

1. *Journal officiel* de la Fédération de Russie, 27 juillet 2015.

« C'est problématique », reconnaît en termes très précautionneux Daniel Höltgen, porte-parole du secrétaire général du Conseil de l'Europe auprès de l'Agence France-Presse, tout en souhaitant que cela ne mette pas un « terme définitif » au « dialogue constructif » entre le Conseil et les autorités russes.

« Problématique », le mot est faible. En réalité, la Russie vient de porter un coup terrible à la primauté du droit international sur le droit interne des États membres du Conseil de l'Europe. Aucune voix ou presque ne s'élève pourtant pour s'en émouvoir, hormis quelques ONG qui dénoncent un dangereux précédent dans lequel pourraient s'engouffrer d'autres « démocratures », telles la Pologne, la Hongrie ou la Turquie. La France elle-même n'échappe pas à la tentation.

« Victoire de la raison » ou capitulation ?

Forte de ces nouvelles dispositions, la Cour constitutionnelle russe s'oppose pour la première fois, en février 2016, à une décision de la CEDH qui avait jugé trois ans plus tôt que l'interdiction « automatique et générale » de voter visant l'ensemble des détenus russes était « disproportionnée ».

Au printemps 2017, la rupture entre Moscou et le Conseil de l'Europe semble consommée. Le Kremlin n'a toujours pas digéré les sanctions visant les parlementaires russes qui siègent sur les bancs de l'APCE. Le chef de la diplomatie russe, Sergueï Lavrov, informe le secrétaire général du Conseil de l'Europe Thorbjørn Jagland, que son pays suspend le versement de sa contribution au budget de l'organisation « jusqu'à la restauration totale des droits » de sa délégation. Moscou dénonce une « campagne de persécution frénétique » des parlementaires partisans d'une normalisation des relations avec la Russie.

Pour le Conseil de l'Europe, le coup est rude. La Russie figure parmi ses six « grands contributeurs » nationaux, aux côtés de la France, de l'Allemagne, de l'Italie, du Royaume-Uni et de la Turquie. Sa contribution s'élève à 33 millions d'euros par an. Ils feront cruellement défaut à l'organisation. D'autant que, fin 2017, la Turquie, ulcérée d'avoir été condamnée à de multiples reprises par la CEDH, décide à son tour de ramener son écot de 33 à 13 millions d'euros. Une menace existentielle pèse ainsi sur l'institution.

Pour tenter de l'écarter, une soixantaine de parlementaires de l'APCE créent une « commission *ad hoc* » chargée de réfléchir à une modification des statuts de l'Assemblée, premier pas vers une lente sortie de crise. Un compromis est élaboré. Il doit permettre aux parlementaires russes de participer à l'élection des juges de la CEDH, ainsi qu'à celle du secrétaire général de l'organisation qui doit être justement renouvelé au printemps 2019. Mais à l'automne 2018, cette première tentative de règlement échoue, rejetée par quatre-vingt-dix-neuf voix contre soixante-dix-neuf. Dans le camp du refus : les Ukrainiens, bien sûr, mais aussi les Britanniques, furieux de l'empoisonnement de l'agent double Sergueï Skripal et de sa fille Ioulia quelques mois plus tôt sur leur territoire, dont il ne fait guère de doute qu'il est l'œuvre des services de renseignement russes.

La deuxième tentative de normalisation sera la bonne. Cette fois, la France, qui assure la présidence tournante du Comité des ministres ou siègent des représentants des quarante-sept États membres du Conseil, est à la manœuvre, de concert avec l'Allemagne. « L'ensemble des États membres devrait avoir le droit de participer sur un pied d'égalité » aux instances de l'organisation, déclare le Comité des ministres du Conseil de l'Europe, son exécutif, réuni à Helsinki.

Les parlementaires ukrainiens, soutenus par leurs collègues britanniques, polonais et baltes, crient à la trahison. Après plus de neuf heures de débats enflammés, la motion qui autorise exceptionnellement le retour de la délégation russe en cours d'année et exclut la possibilité de priver ses membres de leurs principaux droits de vote est adoptée au cœur de la nuit par cent dix-huit voix pour, soixante-deux contre et dix abstentions.

Après cinq ans d'absence, la Russie peut faire son grand retour à l'APCE, démonstrativement et sur les chapeaux de roues. Dès le milieu de la matinée, les dix-huit parlementaires russes occupent de nouveau leurs sièges. Ulcérés, les députés ukrainiens quittent l'hémicycle, faisant remarquer que quatre de leurs homologues russes figurent sur la liste noire de l'Union européenne. Mais la France salue le retour des parlementaires russes, convaincue que leur pays « doit avoir son ancrage en Europe » et que ce retour est « dans l'intérêt même des citoyens russes » qui continueront ainsi de bénéficier de la protection de la CEDH.

Dans la foulée, Moscou reprend ses paiements au Conseil de l'Europe, jusqu'aux intérêts de sa dette. Par la voix de son porte-parole, Dmitri Peskov, le Kremlin salue « une victoire de la raison ». Mais ne s'agit-il pas plutôt d'une capitulation ? Le Conseil de l'Europe, gardien du temple des droits humains sur le continent, n'a-t-il pas perdu son âme dans l'opération ? Sa crédibilité n'est-elle pas à jamais entamée ? L'ordre international n'est-il pas menacé ? Au fond, cette reculade n'entérine-t-elle pas *de facto* l'annexion de la Crimée, offrant un blanc-seing aux séparatistes pro-russes du Donbass ?

Poser ces questions, c'est y répondre. Le Conseil de l'Europe restera comme la première institution internationale à avoir levé des sanctions contre la Russie depuis son premier coup de force en Ukraine. L'Union européenne, Washington et bien d'autres encore les ont maintenues. En conséquence, les citoyens russes bénéficieront toujours de la protection de la CEDH, du moins sur le papier, puisque la Russie détient alors le triste record des condamnations prononcées par la Cour et des affaires pendantes devant elle parmi les quarante-sept États membres du Conseil de l'Europe.

La conséquence de ces concessions successives éclatera au grand jour avec l'affaire Navalny, inlassable pourfendeur de la corruption de Poutine et de son entourage.

L'affaire Navalny

Le 15 novembre 2018, la CEDH condamne la Russie pour les multiples arrestations arbitraires dont Alexeï Navalny a été l'objet, reconnaissant pour la première fois le caractère politique du « mobile sous-jacent » de ces arrestations qui visait, soulignent les juges européens, « à étouffer le pluralisme politique » en Russie.

La Cour « recommande » au gouvernement russe de prendre « des mesures afin de garantir le droit à la liberté de réunion pacifique en Russie ». Et, signe de l'importance qu'elle attache à cette affaire, loin de se contenter comme souvent d'indemnités symboliques, elle condamne Moscou à verser 50 000 euros à Navalny au titre du « dommage moral élevé » qu'il a subi.

En dépit de quelques tracasseries – les douaniers russes avaient exigé le paiement d'une amende (plus de 27 000 euros) avant de le laisser quitter Moscou –, Alexeï Navalny a pu faire le voyage à Strasbourg pour assister en personne à la lecture publique de l'arrêt. Pour lui-même et les siens, c'est un jour de joie.

Pour la première fois, une cour internationale reconnue par la Russie constate l'acharnement du Kremlin à son encontre et le caractère politique des multiples poursuites dont il fait l'objet. Tout sourire dans son costume impeccable, il serre ses avocats dans ses bras, se disant « très heureux » pour lui-même, « mais aussi pour de très nombreuses autres personnes en Russie qui subissent de telles arrestations tous les jours ».

L'opposant ne se fait cependant guère d'illusions. Moscou « va ignorer cette décision et dire que la justice européenne a des motivations politiques [...]. C'est la réaction standard du gouvernement russe », dit-il.

Pour le Kremlin, l'affront n'en est pas moins intolérable. Alors, le pouvoir russe fait ce qu'il a toujours fait depuis Ivan le Terrible : il empoisonne celui qui l'empoisonne. L'opération est conduite le 20 août 2020 par les services de renseignement. De retour d'un déplacement en Sibérie, Alexeï Navalny fait un terrible malaise à bord de l'avion de ligne qui le ramène à Moscou. Mais l'opération tourne au fiasco. Le pilote, qui n'est pas dans la confidence, effectue un atterrissage d'urgence à Omsk, à l'est de l'Oural. Les médecins de l'hôpital où Alexeï Navalny est immédiatement transféré flairent un empoisonnement et lui administrent l'antidote idoine avant que le FSB n'ait eu le temps d'intervenir et de prendre le contrôle de l'établissement.

Sous la pression des Occidentaux – la chancelière allemande Angela Merkel en tête –, le Kremlin consent finalement à laisser sa proie s'envoler vers Berlin à bord d'un appareil affrété par une ONG allemande. Puis les médecins de la Charité, le célèbre hôpital berlinois, ramènent l'opposant à la vie. L'implication des services de renseignement russes et, par conséquent, du Kremlin, ne fait aucun doute, d'autant que des laboratoires français, suédois et allemand confirmeront que Navalny a été victime d'un puissant agent neurotoxique développé en URSS à des fins militaires et perfectionné par la Russie, le désormais fameux Novitchok, déjà utilisé contre l'ex-agent double russe Sergueï Skripal et sa fille Ioulia.

Humiliation suprême : Alexeï Navalny parvient à démasquer son empoisonneur en le piégeant au téléphone et en obtenant ses aveux. Mais il le paiera au prix de sa vie. Déterminé à défier le Kremlin, il retourne à Moscou le 17 janvier 2021. À peine a-t-il posé le pied sur le sol de sa patrie qu'une escouade de policiers s'empare de sa personne. Quinze jours plus tard, il est condamné à trois ans et demi de prison ferme pour ne pas avoir respecté les conditions d'un contrôle judiciaire.

Le 17 février 2021, un mois jour pour jour après son arrestation, la CEDH entre en piste. Saisie par Navalny selon une procédure d'urgence, la Cour demande au gouvernement russe sa libération « avec effet immédiat ». Elle souligne « l'ampleur du risque pour [sa] vie » et rappelle que la Russie, signataire de la Convention européenne des droits de l'homme, à « l'obligation de respecter » sa décision.

Réplique du ministre russe de la Justice, Konstantin Tchouïtchenko : la décision du juge européen est dénuée de « base légale » et constitue « une ingérence grossière dans le processus judiciaire russe qui dépasse les lignes rouges ».

Ce jour-là, l'affaire Navalny est devenue le symbole du dilemme dans lequel s'est enfermé le Conseil de l'Europe. De compromis en compromissions, face à une menace existentielle, l'institution a sacrifié sa crédibilité sur l'autel de sa survie et la CEDH s'est trouvée désarmée, impuissante face à la force brutale du Kremlin.

Exclusion de la Russie

La situation devient intenable après l'invasion de l'Ukraine, le 24 février 2022. Deux jours plus tard, la secrétaire générale du Conseil de l'Europe, Marija Pejčinović Burić, prévient : « Avec le Comité des ministres et l'Assemblée parlementaire du Conseil de l'Europe, nous prendrons rapidement les mesures nécessaires pour répondre à la situation actuelle. »

Face à la menace d'une exclusion à très brève échéance de l'institution, Moscou prend les devants et, le 15 mars 2022, annonce qu'il la quitte. L'exclusion de la Russie est actée dès le lendemain lors d'une « réunion extraordinaire » du Comité des ministres, après un vote consultatif de l'APCE qui s'était prononcée en ce sens quelques heures plus tôt. Le drapeau de la Fédération de Russie est alors solennellement abaissé sur le parvis du Conseil.

« Par leurs actions en Ukraine, les autorités russes privent le peuple russe du bénéfice du système de protection des droits de l'homme le plus avancé au monde, y compris la juridiction de la Cour européenne des droits de l'homme et notre vaste système de conventions », déplore le ministre italien des Affaires étrangères, Luigi Di Maio, président en exercice du Comité des ministres.

Dans l'histoire du Conseil, il n'y avait qu'un seul précédent : l'exclusion de la Grèce pendant la dictature des colonels, en 1969. Eux aussi avaient choisi de quitter le Conseil avant d'en être chassés, façon d'atténuer l'humiliation de ce bannissement.

Le 16 septembre 2022, six mois après son exclusion du Conseil de l'Europe, la Russie a officiellement cessé d'être liée par la Convention européenne des droits de l'homme, privant ses citoyens de la protection, même relative, de la CEDH, alors même que dix-sept mille quatre cent cinquante requêtes la visant étaient en attente d'examen par la Cour et qu'elle était censée appliquer plus de deux mille arrêts et décisions prononcés à son encontre. Ce jour-là aussi, le juge russe qui siégeait à la CEDH a quitté définitivement ses fonctions.

Quant à Navalny, finalement condamné à 19 années d'emprisonnement à « régime spécial » pour « extrémisme » en août 2023, il a été transféré en décembre dans une colonie pénitentiaire de l'Arctique russe, au-delà du cercle polaire, pour y purger sa peine. L'opposant numéro un au maître du Kremlin ne survivra que quelques semaines à ce « régime spécial ». Son décès est annoncé le 6 février 2024 par l'administration pénitentiaire. Ils seront des milliers à braver les intimidations du régime pour assister à ses obsèques à Moscou.

12

Rendez justice au climat !

12 décembre 2015 : l'accord de Paris est scellé. Cent quatre-vingt-quinze États s'engagent à contenir le réchauffement climatique à un niveau « nettement » inférieur à 2 °C et de préférence à 1,5 °C par rapport à l'ère préindustrielle (1850-1900). Le soulagement qui saisit les milliers de participants à la 21e Conférence des parties de la convention-cadre des Nations unies sur les changements climatiques, la COP21, est immense. Quand le président de la Conférence, Laurent Fabius, alors ministre des Affaires étrangères de François Hollande, abat son marteau en forme de feuille verte sur le pupitre, une longue *standing ovation* ponctue cet achèvement. La communauté internationale œuvrera enfin de concert pour limiter le réchauffement climatique. Le monde peut respirer. Le danger est écarté.

Un verre aux trois quarts vide

Las, quelques années plus tard, la désillusion est immense. L'accord de Paris n'est plus qu'un lointain souvenir. L'objectif initial est définitivement hors de portée et l'urgence climatique plus urgente que jamais. Le retard pris est tel que le réchauffement planétaire atteindra 1,5 °C dès 2040 et jusqu'à 4 °C à la fin du siècle, selon le sixième rapport du Giec[1], le Groupe d'experts intergouvernemental sur l'évolution du climat créé en 1998 par l'Onu. Les effets s'annoncent dévastateurs sur la biodiversité, la montée du niveau des océans, la progression des zones désertiques et la multiplication des catastrophes dites naturelles et qui le sont de moins en moins (vagues de chaleur, incendies de forêts, ouragans, pluies torrentielles, submersions, avalanches, glissements de terrain, fonte des glaciers et autres calamités).

Secrétaire général de l'Onu et fin diplomate, le Portugais António Guterres s'est emparé de ce combat, multipliant les appels à la mobilisation avec le sens de la formule choc et l'économie de mots qui le caractérisent. Comme en ce 1er décembre 2023, quand, ouvrant la COP28 à Dubaï, il exhorte une nouvelle fois la communauté internationale à se mobiliser, puisque « le sort de l'humanité est en jeu ». « Les signes vitaux de la Terre sont en déclin : émissions records, incendies féroces, sécheresses meurtrières et année la plus chaude de tous les temps, lance-t-il à la tribune ; nous sommes à des kilomètres des objectifs de l'accord de Paris et à quelques minutes de minuit pour la limite de 1,5 °C. »

Dans leur communiqué final, les participants à cette COP28 s'engageront à « opérer une transition juste, ordonnée et équitable vers une sortie des combustibles fossiles ». Une formule très diplomatique qui a permis d'évoquer pour la première fois explicitement les énergies fossiles en conclusion d'une COP, sans toutefois franchir la ligne rouge tracée par l'Arabie saoudite,

1. Synthèse du sixième rapport d'évaluation du Giec, 20 mars 2023.

la Chine et la Russie qui ne voulaient en aucun cas entendre parler d'une « sortie » pure et simple.

Un an plus tôt, le 7 novembre 2022, dans son discours d'ouverture de la COP27, à Charm el-Cheikh, sur les rives de la mer Rouge en Égypte, António Guterres avait déjà lancé cet avertissement à l'ensemble des États du monde : « Ce sera soit un pacte de solidarité climatique, soit un pacte de suicide collectif. »

D'année en année, ces exhortations se répètent sans être parfaitement entendues, mais sans être non plus totalement ignorées. Si le Graal de 1,5 °C semble désormais hors de portée, elles auront au moins concouru à infléchir la courbe du réchauffement.

Il n'en reste pas moins que, depuis 2015 et l'accord de Paris, les émissions de gaz à effet de serre (GES) n'ont en fait jamais cessé d'augmenter, sauf dans les premiers mois de la pandémie de Covid-19, quand une bonne partie de l'économie mondiale était à l'arrêt.

Le verre est donc aux trois quarts vide et la frustration, tout particulièrement celle des jeunes générations qui auront à subir les conséquences de l'inaction des États, est immense. Que leur répondra-t-on, s'interrogeait António Guterres devant la COP27, quand elles nous demanderont : « Qu'avez-vous fait pour notre monde – et pour notre planète – quand vous en aviez encore l'opportunité ? »

Saisies par une éco-anxiété légitime, ces générations se sont d'abord rangées derrière la figure charismatique de Greta Thunberg. Avec elle, elles ont fait la « grève scolaire pour le climat », ont défilé dans les rues d'innombrables villes à travers le monde, ont multiplié les happenings et les initiatives environnementales. Mais les faits sont là et ils sont têtus : le monde est encore loin du compte.

Principes d'équité et de précaution

Alors, quel espoir reste-t-il ? Comment sortir de cette impasse politique ? Comment surmonter l'indifférence et l'incurie des gouvernements, voire, pour certains d'entre eux, comme Trump aux États-Unis ou Bolsonaro au Brésil, leur négationnisme climatique ? Certains activistes font le choix de la provocation, des coups d'éclat, maculant des chefs-d'œuvre dans les musées ou se collant les mains sur le bitume pour paralyser la circulation dans les métropoles. D'autres privilégient l'« action directe », la confrontation violente avec les forces de l'ordre autour d'infrastructures qu'ils accusent de nuire à l'environnement et au climat.

Mais d'autres encore se tournent vers la justice qui fait figure une nouvelle fois d'ultime recours. Sur le banc des accusés : États, multinationales, émetteurs de gaz à effet de serre, producteurs d'énergies fossiles… Et, dans le rôle des procureurs, les ONG et la jeunesse, parfois même des enfants. Des centaines de plaintes ont été déposées dans des dizaines de pays depuis les années 2000, s'appuyant bien souvent sur les rapports du Giec.

La première action d'envergure est engagée en 2012 par Urgenda (contraction de « Urgent » et « Agenda »), une ONG environnementale néerlandaise qui réunit huit cent quatre-vingt-six coplaignants. Ceux-ci poursuivent l'État néerlandais, estimant qu'il n'assume pas son rôle protecteur, faute de prendre des mesures suffisantes pour réduire les émissions de gaz à effet de serre.

Le tribunal de district de La Haye rend sa décision le 14 juin 2015 et elle est inédite dans l'histoire judiciaire mondiale. Pour la première fois, une juridiction ordonne à un État de se conformer à ses engagements, à savoir réduire les émissions de gaz à effet de serre d'un quart à l'horizon 2020 par rapport au niveau observé dix ans plus tôt. Cette décision s'appuie sur de multiples fondements juridiques : la Constitution néerlandaise, la Convention européenne des droits de l'homme, les principes de « non-préjudice » du droit international, la Convention des Nations unies sur le changement climatique, le traité sur le fonctionnement de l'Union européenne...

Historique, cette décision l'est aussi lorsqu'elle invoque le « principe d'équité », soulignant que l'action politique ne doit pas se borner à « ce qui est le plus bénéfique pour la génération actuelle », mais doit s'intéresser aussi aux « générations futures », de sorte qu'elles ne soient pas les victimes « exclusives » du changement climatique. De la même manière, les juges estiment que l'équité doit conduire les pays industrialisés à « prendre l'initiative de la lutte contre le changement climatique et son impact négatif ». Ces pays, rappellent-ils, sont les principaux responsables « de la forte concentration actuelle de gaz à effet de serre dans l'atmosphère », après avoir « bénéficié de l'utilisation de combustibles fossiles pour soutenir leur croissance économique et leur prospérité ».

Au nom du « principe de précaution », relèvent également les juges néerlandais, la lutte contre les changements climatiques ne peut attendre « une certitude scientifique totale ». Ce qu'ils résument par cette simple maxime : « Mieux vaut prévenir que guérir. » Le tribunal reprend ainsi à son compte l'argumentaire d'Urgenda : « Essayer de ralentir le changement climatique, c'est comme essayer de ralentir un pétrolier qui doit arrêter ses moteurs à des centaines de kilomètres de la côte pour ne pas heurter le quai. Si vous éteignez les moteurs lorsque le quai est en vue, il est inévitable que le pétrolier le heurte tôt ou tard. »

Le gouvernement néerlandais, sans contester la nécessité de lutter contre le réchauffement climatique, invoquera cependant le *trias politica*, autrement dit le principe de séparation des pouvoirs qui interdirait aux juges de se substituer au pouvoir politique. Il interjette donc appel.

Mais, le 9 octobre 2018, la cour d'appel de La Haye rend un arrêt tout aussi ferme que le jugement de première instance, considérant que, s'il ne se conformait pas à l'injonction du tribunal, le gouvernement violerait les articles 2 et 8 de la Convention européenne des droits de l'homme relatifs au « droit à la vie » et au « droit au respect de la vie privée et familiale, du domicile et de la correspondance ». Un an plus tard, le 20 décembre 2019, la Cour suprême des Pays-Bas grave cette condamnation dans le marbre.

Le deuxième jalon majeur de la justice climatique est posé par la Cour constitutionnelle allemande de Karlsruhe, le 29 avril 2021, lorsqu'elle estime à l'unanimité que la politique climatique du gouvernement d'Angela Merkel « viole les droits des générations futures ».

Les juges, saisis par plusieurs ONG comme Greenpeace ou Fridays for Future, enjoignent au législateur allemand de réviser d'ici à la fin de l'année 2022 la loi « climat » du 12 décembre 2019 qui visait précisément à remplir les engagements pris par l'Allemagne dans le cadre de l'accord de Paris. Cette loi prévoyait une réduction de 55 % des émissions de gaz à effet de serre à l'horizon 2030 par rapport au niveau de 1990 pour parvenir à la neutralité climatique en 2050. Mais le compte n'y est pas, selon la Cour, qui estime que les objectifs fixés à court terme sont largement insuffisants.

Les termes de l'arrêt sont sévères : « Il n'est pas tolérable de permettre à une génération d'épuiser la majeure partie du budget résiduel de CO_2 en ne réduisant les émissions que de façon relativement modérée, si une telle approche a pour effet de faire porter aux générations qui suivent un fardeau écrasant et de confronter ces dernières à une vaste perte de leur liberté. »

« Les dispositions contestées portent atteinte aux libertés des requérants, dont certains sont encore très jeunes » en repoussant « irréversiblement à la période postérieure à 2030 des charges considérables en matière de réduction d'émissions », observent encore les juges de Karlsruhe.

Ceux-ci s'appuient principalement sur l'article 20a de la Constitution allemande qui stipule qu'« assumant sa responsabilité pour les générations futures, l'État protège également les fondements naturels de la vie » et, par-là même, le climat.

L'État français condamné

En France aussi, la justice répondra présente. Le 19 novembre 2020, le Conseil d'État, saisi par Damien Carême, qui fut, de 2001 à 2019, le maire écologiste de Grande-Synthe, une commune côtière du Nord menacée par la montée des eaux marines, donne trois mois à l'exécutif pour justifier son refus de prendre des mesures supplémentaires afin de respecter la trajectoire de réduction des émissions de gaz à effet de serre fixée par l'accord de Paris.

L'objectif initial était de les réduire de 40 % à l'horizon 2030 par rapport à leur niveau de 1990. Mais la juridiction administrative suprême française constate que la France n'en prend guère le chemin. Les émissions, relève-t-elle, n'ont fléchi que de 1 % par an sur la période 2015-2018, alors qu'elles auraient dû reculer de 2,2 % chaque année. Pour ne rien arranger, un décret du 21 avril 2020 a même décalé de plusieurs années les objectifs de réduction.

Le 1er juillet 2021, l'État français est définitivement condamné pour son « refus implicite » de se conformer à ses propres engagements. Le Conseil d'État, constatant que la baisse de 12 % des émissions sur la période 2024-2028 serait désormais hors de portée si de nouvelles mesures n'étaient pas prises rapidement, enjoint au Premier ministre de prendre les décisions adéquates avant le 31 mars 2022.

Comme le relève en termes policés le vice-président de la noble institution[1], Didier-Roland Tabuteau[2], le juge administratif devient ainsi celui de la « crédibilité de l'action publique ». Se voulant le « garant » des engagements pris par la France, il recourt désormais à « tous les moyens à sa disposition : les pouvoirs pour assurer l'exécution des jugements, les injonctions et les astreintes financières quand il le faut. Car, insiste-t-il, c'est son rôle de faire respecter des objectifs aussi importants que ceux fixés dans le cadre de l'accord de Paris, que le législateur a repris et qui, de surcroît, ont été quantifiés et précisés par des décrets. »

Une nouvelle et spectaculaire étape est franchie le 3 février 2021, lorsque le tribunal administratif de Paris condamne l'État dans le cadre de « l'Affaire du siècle », du nom d'une pétition lancée par quatre ONG de protection de l'environnement[3] qui a recueilli plus de deux millions de signatures en un mois.

Le tribunal constate les « carences fautives de l'État à mettre en œuvre des politiques publiques lui permettant d'atteindre les objectifs de réduction des émissions de

1. Le président du Conseil d'État est le Premier ministre, mais, dans les faits, l'institution est dirigée par son vice-président.
2. Interview au quotidien *Le Monde*, 18 novembre 2022.
3. Notre affaire à tous, la Fondation pour la Nature et l'Homme, Greenpeace France et Oxfam France.

gaz à effet de serre qu'il s'est fixés». En conséquence, il estime que l'État doit réparer ce préjudice écologique. Ce même tribunal, le 14 octobre suivant, «enjoint» au gouvernement «de prendre toutes les mesures utiles de nature à réparer le préjudice écologique et prévenir l'aggravation des dommages». Tout juste laisse-t-il au Premier ministre et aux ministres compétents le soin de déterminer ces mesures. Mais une date butoir est fixée: le 31 décembre 2022, «au plus tard».

Vers une justice climatique supranationale?

Ces quelques affaires emblématiques ne sont toutefois que l'arbre qui cache la forêt. La base de données du Sabin Center for Climate Change Law de l'Université Columbia, à New York, recensait en décembre 2023 deux mille cinq cent quarante procédures liées au changement climatique engagées dans cinquante-quatre pays. Les deux tiers de ces procédures ont été lancées aux États-Unis et, dans plus de la moitié des cas, les décisions déjà rendues se sont révélées favorables à l'action climatique.

La «cause climatique» a ainsi envahi les prétoires du monde entier; mais, aussi louables soient-elles, ces décisions ne revêtaient qu'une portée nationale. Or, comme chacun sait, la question climatique est un enjeu mondial. Et c'est ainsi que la justice internationale entre en scène.

Des ONG, quelques États comme le Vanuatu, menacé par la montée des eaux et frappé par des cyclones dévastateurs, des personnalités telles que l'ex-président bolivien Evo Morales ont plaidé pour la création d'un tribunal international climatique qui jugerait le crime d'«écocide». D'autres imaginent un élargissement des compétences de la Cour pénale internationale qui juge les crimes de guerre, les crimes contre l'humanité ou les génocides, et de la Cour internationale de Justice, l'organe judiciaire des Nations unies, toutes deux siégeant à La Haye. Mais, sur tous ces points, il y a encore loin de la coupe aux lèvres.

Si bien que pourrait revenir à la CEDH l'honneur de poser le premier jalon de cette justice climatique supranationale. Depuis 1992, la Cour s'estime compétente pour juger les atteintes à l'environnement, considérant qu'elles sont susceptibles de constituer une violation des articles 2, 6 et 8 de la Convention européenne. Les droits de l'homme et l'environnement, considère-t-elle, sont « interdépendants ». Près de trois cents décisions ont ainsi été rendues depuis dans des affaires liées à l'environnement, qu'il s'agisse d'émanations toxiques d'usines ou de décharges, de nuisances sonores, de gestion des déchets, de contamination de l'eau ou même de catastrophes naturelles.

Il reste donc à la CEDH à franchir un pas supplémentaire pour affirmer sa compétence en matière climatique. Une condamnation d'un ou plusieurs États membres du Conseil de l'Europe pour inaction climatique constituerait une première historique, puisque aucune juridiction internationale n'a pris une telle décision jusqu'à présent. D'autant que cette jurisprudence s'appliquerait à l'ensemble des quarante-six États membres du Conseil, les contraignant à redoubler d'efforts pour réduire sensiblement leurs émissions de gaz à effet de serre.

Le contexte pourrait être favorable. En octobre 2021, le Comité des droits de l'enfant (CDE) des Nations unies a estimé, dans une décision qualifiée déjà d'« historique » par l'Onu, que les pays avaient une responsabilité transfrontalière face aux effets néfastes du changement climatique sur les plus jeunes. Le CDE était saisi par seize jeunes pétitionnaires de douze pays, parmi lesquels Greta Thunberg.

De la même manière, l'Assemblée générale de l'Onu a adopté en juillet 2022 une résolution faisant de « l'accès à un environnement propre et sain » un « droit humain universel », comme l'avait fait un an plus tôt le Conseil des droits de l'homme des Nations unies. Cette même Assemblée générale a demandé, à l'initiative du Vanuatu et de cent quatre-vingt-treize États, un avis consultatif à la Cour internationale de Justice sur les obligations des États à l'égard des changements climatiques et notamment les émissions de gaz à effet de serre. Une demande similaire a été déposée en janvier 2023 par la Colombie et le Chili auprès de la Cour interaméricaine des droits de l'homme.

Mais l'affaire la plus spectaculaire reste celle engagée en 2020 devant la CEDH par six jeunes Portugais, Cláudia, Martim, Mariana, Catarina, Sofia et André. Le patronyme des trois premiers, Agostinho, est désormais associé par la Cour à cette affaire « Agostinho et autres c. Portugal ». Soutenus par l'ONG britannique Global Legal Action Network, ils poursuivent trente-deux États membres du Conseil de l'Europe[1] – un nombre sans précédent dans l'histoire de la Cour – qu'ils accusent d'avoir « échoué à faire leur part afin d'éviter une catastrophe climatique » et de nuire ainsi à leur santé.

Pointant tout particulièrement les nombreux décès provoqués par les incendies qui ravagent les forêts

1. Les vingt-sept États membres de l'Union européenne ainsi que la Russie, la Turquie, le Royaume-Uni, la Suisse et la Norvège, les poursuites qu'ils avaient engagées contre l'Ukraine ayant été abandonnées en raison de la guerre qui l'oppose à la Russie.

portugaises dans leur voisinage, ils font valoir que le réchauffement climatique en est responsable et affecte plus particulièrement leur génération et leur propre santé (troubles du sommeil, allergies, difficultés respiratoires...). Ces mégafeux de forêt « sont très proches de là où je réside et ont déjà mis ma vie en danger et celle de mes sœurs », a fait valoir Martim Duarte Agostinho.

En 2017, le Portugal avait déploré plus d'une centaine de morts après avoir connu des incendies d'une ampleur sans précédent. Des températures extrêmes, dépassant allègrement le seuil des 40 °C l'été, y sont désormais relevées chaque année.

Deux des plaignants soulignent aussi que le dérèglement climatique engendre des tempêtes très puissantes en hiver et soutiennent que leurs maisons, situées à Lisbonne et à proximité de la mer, pourraient subir les ravages de ces tempêtes.

Plus généralement, ces six jeunes évoquent leur anxiété face à ces catastrophes naturelles et la perspective de vivre dans un climat de plus en plus chaud, avec les risques que cela pourrait comporter pour leurs vies et les familles qu'ils pourraient fonder à l'avenir.

Sur le terrain juridique, plusieurs d'entre eux, mineurs, invoquent la Convention des Nations unies sur les droits de l'enfant qui consacre précisément l'intérêt supérieur de l'enfant. Ils s'appuient également sur le principe d'« équité intergénérationnelle » qui figure dans plusieurs instruments internationaux, dont la Déclaration de Rio de 1992 sur l'environnement et le développement[1], mais aussi dans le préambule

1. « Principe 3 – Le droit au développement doit être réalisé de façon à satisfaire équitablement les besoins relatifs au développement et à l'environnement des générations présentes et futures. »

de l'accord de Paris qui lie intimement changements climatiques et droits de l'homme, ou la Convention-cadre des Nations unies sur le changement climatique de 1992. En somme, résume la CEDH, « ils estiment qu'il n'y a aucune justification objective et raisonnable pour que la charge du changement climatique soit placée sur les jeunes générations du fait de l'adoption de mesures inadéquates de réduction de l'échauffement ».

Ce dossier a été pris à bras-le-corps par la Cour qui, loin de rejeter d'emblée la requête pour un quelconque vice de forme, l'a non seulement déclarée recevable, mais l'a considérée comme une affaire « prioritaire », la confiant à sa juridiction suprême, la Grande Chambre. Les magistrats européens ont semblé ainsi faire leur l'argument avancé par les plaignants pour contourner la règle habituelle qui veut que la CEDH ne puisse être saisie que lorsque toutes les voies de recours ont été épuisées devant les juridictions nationales[1] : les jeunes Portugais arguaient de l'impossibilité matérielle de saisir les tribunaux de trente-deux pays différents dans des délais raisonnables et de la charge financière insupportable que cela représenterait.

L'affaire a été examinée le 27 septembre 2023 par les dix-sept juges de la Grande Chambre sous la houlette de l'Irlandaise Siofra O'Leary, présidente de la CEDH, en présence des six jeunes, alors âgés de onze à vingt-quatre ans. Devant une salle comble où se pressaient les représentants des ONG, ainsi que les quatre-vingt-six

1. Article 35 de la Convention de sauvegarde des droits de l'homme et des libertés fondamentales : la Cour ne peut être saisie qu'après l'épuisement des voies de recours internes, tel qu'il est entendu selon les principes de droit international généralement reconnus, et dans un délai de six mois à partir de la date de la décision interne définitive.

avocats des États poursuivis, ces derniers ont plaidé l'irrégularité de la procédure, arguant, comme on pouvait s'y attendre, du non-épuisement des voies de recours internes. Ils ont également contesté le droit des plaignants à poursuivre d'autres États que le leur et affirmé qu'ils n'avaient pas apporté la preuve qu'ils étaient davantage en danger que le reste de la population portugaise.

Les six jeunes Portugais ont toutefois trouvé en la personne de la commissaire aux droits de l'homme du Conseil de l'Europe, Dunja Mijatović, leur meilleure avocate. Cette dernière, dans des observations écrites, a exhorté les dix-sept juges de la Grande Chambre à « tracer la voie » en considérant que « la nature extraordinaire du changement climatique et les défis en matière de droits de l'homme qui en résultent » devraient les conduire à renoncer à « une interprétation stricte et formaliste » pour reconnaître que les atteintes au climat sont des atteintes aux droits humains.

« Il est crucial que les jeunes aient accès à la justice et soient entendus », a-t-elle insisté lors de l'audience, avant d'appeler devant la presse à « passer des mots à l'action ».

Changer le cours de l'Histoire

Deux autres affaires similaires, mais de moindre ampleur, avaient d'ores et déjà été examinées lors d'audiences de la Grande Chambre, six mois plus tôt, le 29 mars 2023. La première était la continuation du combat judiciaire mené par Damien Carême, l'ex-maire de Grande-Synthe. Après avoir saisi les juridictions nationales, celui-ci s'est tourné vers la Cour, reprochant aux autorités françaises de ne pas avoir pris « toutes mesures utiles permettant à la France de respecter les niveaux maximums d'émissions de gaz à effet de serre qu'elle s'est elle-même fixés » et invoquant les articles 2 et 8 de la Convention européenne des droits de l'homme. Concrètement, l'ancien édile affirme être « directement affecté par l'insuffisance de l'action du gouvernement en matière de lutte contre le changement climatique ».

À l'audience, le représentant du gouvernement français a assuré que ce dernier était « pleinement conscient de l'urgence climatique », le « plus grand défi de notre temps ». Mais ce fut pour nier immédiatement la compétence de la Cour. Admettre la requête, a-t-il soutenu, serait en contradiction avec les « principes fondateurs » de la CEDH. « Le droit à la protection de l'environnement n'est pas reconnu en tant que tel par la Convention et ses protocoles », même si la Cour a déjà condamné des États à ce titre pour des pollutions et des « risques immédiatement avérés », a-t-il plaidé, assurant par ailleurs que le contrôle des juridictions nationales serait suffisant et rendrait superfétatoire celui de la CEDH au regard du principe de subsidiarité. Ainsi, selon lui, le Conseil d'État avait déjà satisfait les « demandes générales » du requérant lorsqu'il avait enjoint au gouvernement de prendre les mesures nécessaires pour respecter l'engagement de la France de réduire de 40 % les émissions de gaz à effet de serre en 2030 par rapport à leur niveau de 1990.

Toujours selon le représentant du gouvernement, la requête de Damien Carême serait de surcroît « irrecevable », le lien entre le risque de submersion de la commune de Grande-Synthe invoqué et la situation personnelle de l'ancien maire de la commune, devenu député européen, n'étant pas établi, puisque celui-ci ne possède plus de logement dans cette ville.

« Nous ne demandons pas une révolution juridique, nous demandons simplement l'application de votre jurisprudence à un domaine tout à fait nouveau qui est celui du plus grand défi de l'humanité », a répliqué Corine Lepage, avocate du requérant et ancienne ministre de l'Environnement dans le gouvernement d'Alain Juppé. « Dans tous les cas de figure, Grande-Synthe sera submergée, c'est certain », a-t-elle martelé.

Le même jour, une seconde affaire « climatique » était examinée par la Grande Chambre. Il s'agissait cette fois d'une requête du collectif helvétique des Aînées pour la protection du climat réunissant une cinquantaine de retraitées suisses. Celles-ci faisaient valoir que les canicules successives et l'inaction climatique de leur pays mettaient en danger leur santé. La justice helvétique les avait déboutées, estimant qu'elles n'étaient pas plus victimes du réchauffement climatique que le reste de la population et refusant d'examiner leur plainte sur le fond.

Devant la Grande Chambre, le représentant du gouvernement, Alain Chablais, a soutenu qu'« affirmer ou suggérer que la Suisse fai[sai]t preuve d'inaction en matière de lutte contre le réchauffement climatique » relevait du « procès d'intention », alors que la Confédération helvétique « élève constamment le niveau de ses ambitions ».

« Seule une action résolue de l'ensemble des États qui implique en particulier les grands émetteurs, associée à des changements en profondeur des comportements des entreprises et de l'ensemble des citoyens, permettra de trouver des solutions globales et durables », a-t-il également avancé. Or, selon lui, « de tels changements ne se décrètent pas par une décision de justice ».

« Le système de la Convention n'a pas vocation à devenir le lieu où se décident les politiques nationales de protection du climat », a-t-il encore soutenu, tout en reconnaissant que le gouvernement suisse « n'excluait pas complètement » que l'article 8 de la Convention « puisse trouver à s'appliquer dans le contexte du changement climatique, puisque ce phénomène peut impacter la qualité de vie des individus même si leur santé n'est pas gravement mise en danger ». Entrouvrant la possibilité d'une condamnation de son pays sur ce fondement, la Cour, a-t-il ainsi concédé, devra apprécier ce point.

Au micro de la télévision suisse RTS, Alain Chablais a résumé le point de vue du gouvernement : « Nous ne nions pas la souffrance de ces personnes ni le fait qu'elles soient plus vulnérables et plus à risques que d'autres personnes ; en revanche, nous considérons qu'elles ne sont pas suffisamment touchées dans leur droit à la vie avec l'intensité requise pour leur donner la qualité pour agir. Et nous estimons qu'elles n'ont pas démontré que les omissions qu'elles reprochent à la Suisse ont causé ces atteintes à leur santé. »

Réplique de l'avocate des plaignantes : « Personne devant cette cour ne conteste que la chaleur tue et que les femmes de plus de soixante-cinq ans courent un risque » d'affaiblissement physique et mental allant jusqu'au décès. D'autant, a-t-elle souligné, que le réchauffement climatique en Suisse s'élève au « double de la moyenne mondiale ».

Admise à intervenir devant la Cour, une avocate du Réseau européen des institutions nationales des droits de l'homme (ENNHRI) a lancé cet appel aux juges de la CEDH : « Peu de personnes ont les moyens de changer le cours de l'Histoire, vous le pouvez », les encourageant, selon la formule chère à la Cour, à interpréter la Convention « à la lumière des conditions actuelles », autrement dit à considérer que la préservation du climat entrait désormais dans le champ de la Convention.

« Il n'est pas demandé à cette cour d'innover, mais de confirmer ce qui fait déjà partie du droit à Karlsruhe ou La Haye », a-t-elle plaidé.

Ces trois affaires française, suisse et portugaise soulèvent au fond une même question : la CEDH se considèrera-t-elle compétente pour condamner des États au nom de leur inaction climatique ? Son texte fondateur, la Convention européenne des droits de l'homme, a été adopté en 1950, à une époque où ces questions étaient quasi absentes du débat public. Mais l'interprétation « vivante » de la Convention par la Cour et l'évolution de sa jurisprudence dans les affaires d'atteintes à l'environnement pourrait changer la donne en Europe et bien au-delà, contraignant les États à redoubler d'efforts pour réduire leurs émissions de gaz à effet de serre. Un enjeu résumé en quelques mots par Corinne Lepage : « Rarement une décision de [la] Cour, et plus largement d'une juridiction suprême, aura été attendue avec autant d'espérance, d'intérêt, de la part de l'humanité entière. »

Annexe

Convention de sauvegarde des droits de l'homme et des libertés fondamentales telle qu'amendée par les protocoles n° 11 et n° 14

(Rome, 4 novembre 1950)

Les gouvernements signataires, membres du Conseil de l'Europe,

Considérant la *Déclaration universelle des droits de l'homme*, proclamée par l'Assemblée générale des Nations unies le 10 décembre 1948 ;

Considérant que cette déclaration tend à assurer la reconnaissance et l'application universelles et effectives des droits qui y sont énoncés ;

Considérant que le but du Conseil de l'Europe est de réaliser une union plus étroite entre ses membres, et que l'un des moyens d'atteindre ce but est la sauvegarde et le développement des droits de l'homme et des libertés fondamentales ;

Réaffirmant leur profond attachement à ces libertés fondamentales qui constituent les assises mêmes de la justice et de la paix dans le monde et dont le maintien repose essentiellement sur un régime politique véritablement démocratique, d'une part, et, d'autre part, sur une conception commune et un commun respect des droits de l'homme dont ils se réclament ;

Résolus, en tant que gouvernements d'États européens animés d'un même esprit et possédant un patrimoine commun d'idéal et de traditions politiques, de respect de la liberté et de prééminence du droit, à prendre les premières mesures propres à assurer la garantie collective de certains des droits énoncés dans la *Déclaration universelle*,

Sont convenus de ce qui suit :

ARTICLE 1 – *Obligation de respecter les droits de l'homme*

Les Hautes Parties contractantes reconnaissent à toute personne relevant de leur juridiction les droits et libertés définis au Titre I de la présente Convention :

TITRE I – DROITS ET LIBERTÉS

ARTICLE 2 – *Droit à la vie*

1) Le droit de toute personne à la vie est protégé par la loi. La mort ne peut être infligée à quiconque intentionnellement, sauf en exécution d'une sentence capitale prononcée par un tribunal au cas où le délit est puni de cette peine par la loi.

2) La mort n'est pas considérée comme infligée en violation de cet article dans les cas où elle résulterait d'un recours à la force rendu absolument nécessaire :

a) pour assurer la défense de toute personne contre la violence illégale ;

b) pour effectuer une arrestation régulière ou pour empêcher l'évasion d'une personne régulièrement détenue ;

c) pour réprimer, conformément à la loi, une émeute ou une insurrection.

ARTICLE 3 – *Interdiction de la torture*

Nul ne peut être soumis à la torture ni à des peines ou traitements inhumains ou dégradants.

ARTICLE 4 – *Interdiction de l'esclavage et du travail forcé*

1) Nul ne peut être tenu en esclavage ni en servitude.

2) Nul ne peut être astreint à accomplir un travail forcé ou obligatoire.

3) N'est pas considéré comme « travail forcé ou obligatoire » au sens du présent article :

a) tout travail requis normalement d'une personne soumise à la détention dans les conditions prévues par l'article 5 de la présente Convention, ou durant sa mise en liberté conditionnelle ;

b) tout service de caractère militaire ou, dans le cas d'objecteurs de conscience dans les pays où l'objection de conscience est reconnue comme légitime, à un autre service à la place du service militaire obligatoire ;

c) tout service requis dans le cas de crises ou de calamités qui menacent la vie ou le bien-être de la communauté ;

d) tout travail ou service formant partie des obligations civiques normales.

Article 5 – *Droit à la liberté et à la sûreté*

1) Toute personne a droit à la liberté et à la sûreté. Nul ne peut être privé de sa liberté, sauf dans les cas suivants et selon les voies légales :

a) s'il est détenu régulièrement après condamnation par un tribunal compétent ;

b) s'il a fait l'objet d'une arrestation ou d'une détention régulières pour insoumission à une ordonnance rendue, conformément à la loi, par un tribunal ou en vue de garantir l'exécution d'une obligation prescrite par la loi ;

c) s'il a été arrêté et détenu en vue d'être conduit devant l'autorité judiciaire compétente, lorsqu'il y a des raisons plausibles de soupçonner qu'il a commis une infraction ou qu'il y a des motifs raisonnables de croire à la nécessité de l'empêcher de commettre une infraction ou de s'enfuir après l'accomplissement de celle-ci ;

d) s'il s'agit de la détention régulière d'un mineur, décidée pour son éducation surveillée ou de sa détention régulière, afin de le traduire devant l'autorité compétente ;

e) s'il s'agit de la détention régulière d'une personne susceptible de propager une maladie contagieuse, d'un aliéné, d'un alcoolique, d'un toxicomane ou d'un vagabond ;

f) s'il s'agit de l'arrestation ou de la détention régulières d'une personne pour l'empêcher de pénétrer irrégulièrement dans le territoire, ou contre laquelle une procédure d'expulsion ou d'extradition est en cours.

2) Toute personne arrêtée doit être informée, dans le plus court délai et dans une langue qu'elle comprend, des raisons de son arrestation et de toute accusation portée contre elle.

3) Toute personne arrêtée ou détenue, dans les conditions prévues au paragraphe 1.c du présent article, doit être aussitôt traduite devant un juge ou un autre magistrat habilité par la loi à exercer des fonctions judiciaires et a le droit d'être jugée dans un délai raisonnable, ou libérée pendant la procédure. La mise en liberté peut être subordonnée à une garantie assurant la comparution de l'intéressé à l'audience.

4) Toute personne privée de sa liberté par arrestation ou détention a le droit d'introduire un recours devant un tribunal, afin qu'il statue à bref délai sur la légalité de sa détention et ordonne sa libération si la détention est illégale.

5) Toute personne victime d'une arrestation ou d'une détention dans des conditions contraires aux dispositions de cet article a droit à réparation.

Article 6 – *Droit à un procès équitable*

1) Toute personne a droit à ce que sa cause soit entendue équitablement, publiquement et dans un délai raisonnable, par un tribunal indépendant et impartial, établi par la loi, qui décidera, soit des contestations sur ses droits et obligations de caractère civil, soit du bien-fondé de toute accusation en matière pénale dirigée contre elle. Le jugement doit être rendu publiquement, mais l'accès de la salle d'audience peut être interdit à la presse et au public pendant la totalité ou une partie du procès dans l'intérêt de la moralité, de l'ordre public ou de la sécurité nationale dans une société

démocratique, lorsque les intérêts des mineurs ou la protection de la vie privée des parties au procès l'exigent, ou dans la mesure jugée strictement nécessaire par le tribunal, lorsque dans des circonstances spéciales la publicité serait de nature à porter atteinte aux intérêts de la justice.

2) Toute personne accusée d'une infraction est présumée innocente jusqu'à ce que sa culpabilité ait été légalement établie.

3) Tout accusé a droit notamment à :

a) être informé, dans le plus court délai, dans une langue qu'il comprend et d'une manière détaillée, de la nature et de la cause de l'accusation portée contre lui ;

b) disposer du temps et des facilités nécessaires à la préparation de sa défense ;

c) se défendre lui-même ou avoir l'assistance d'un défenseur de son choix et, s'il n'a pas les moyens de rémunérer un défenseur, pouvoir être assisté gratuitement par un avocat d'office, lorsque les intérêts de la justice l'exigent ;

d) interroger ou faire interroger les témoins à charge et obtenir la convocation et l'interrogation des témoins à décharge dans les mêmes conditions que les témoins à charge ;

e) se faire assister gratuitement d'un interprète, s'il ne comprend pas ou ne parle pas la langue employée à l'audience.

Article 7 – *Pas de peine sans loi*

1) Nul ne peut être condamné pour une action ou une omission qui, au moment où elle a été commise, ne constituait pas une infraction d'après le droit national ou international. De même il n'est infligé aucune peine plus forte que celle qui était applicable au moment où l'infraction a été commise.

2) Le présent article ne portera pas atteinte au jugement et à la punition d'une personne coupable d'une action ou d'une omission qui, au moment où elle a été commise, était

criminelle d'après les principes généraux de droit reconnus par les nations civilisées.

Article 8 – *Droit au respect de la vie privée et familiale*

1) Toute personne a droit au respect de sa vie privée et familiale, de son domicile et de sa correspondance.

2) Il ne peut y avoir ingérence d'une autorité publique dans l'exercice de ce droit que pour autant que cette ingérence est prévue par la loi et qu'elle constitue une mesure qui, dans une société démocratique, est nécessaire à la sécurité nationale, à la sûreté publique, au bien-être économique du pays, à la défense de l'ordre et à la prévention des infractions pénales, à la protection de la santé ou de la morale, ou à la protection des droits et libertés d'autrui.

Article 9 – *Liberté de pensée, de conscience et de religion*

1) Toute personne a droit à la liberté de pensée, de conscience et de religion ; ce droit implique la liberté de changer de religion ou de conviction, ainsi que la liberté de manifester sa religion ou sa conviction individuellement ou collectivement, en public ou en privé, par le culte, l'enseignement, les pratiques et l'accomplissement des rites.

2) La liberté de manifester sa religion ou ses convictions ne peut faire l'objet d'autres restrictions que celles qui, prévues par la loi, constituent des mesures nécessaires, dans une société démocratique, à la sécurité publique, à la protection de l'ordre, de la santé ou de la morale publiques, ou à la protection des droits et libertés d'autrui.

Article 10 – *Liberté d'expression*

1) Toute personne a droit à la liberté d'expression. Ce droit comprend la liberté d'opinion et la liberté de recevoir ou de communiquer des informations ou des idées sans qu'il puisse y avoir ingérence d'autorités publiques et sans considération de frontière. Le présent article n'empêche pas

les États de soumettre les entreprises de radiodiffusion, de cinéma ou de télévision à un régime d'autorisations.

2) L'exercice de ces libertés comportant des devoirs et des responsabilités peut être soumis à certaines formalités, conditions, restrictions ou sanctions prévues par la loi, qui constituent des mesures nécessaires, dans une société démocratique, à la sécurité nationale, à l'intégrité territoriale ou à la sûreté publique, à la défense de l'ordre et à la prévention du crime, à la protection de la santé ou de la morale, à la protection de la réputation ou des droits d'autrui, pour empêcher la divulgation d'informations confidentielles ou pour garantir l'autorité et l'impartialité du pouvoir judiciaire.

Article 11 – *Liberté de réunion et d'association*

1) Toute personne a droit à la liberté de réunion pacifique et à la liberté d'association, y compris le droit de fonder avec d'autres des syndicats et de s'affilier à des syndicats pour la défense de ses intérêts.

2) L'exercice de ces droits ne peut faire l'objet d'autres restrictions que celles qui, prévues par la loi, constituent des mesures nécessaires, dans une société démocratique, à la sécurité nationale, à la sûreté publique, à la défense de l'ordre et à la prévention du crime, à la protection de la santé ou de la morale, ou à la protection des droits et libertés d'autrui. Le présent article n'interdit pas que des restrictions légitimes soient imposées à l'exercice de ces droits par les membres des forces armées, de la police ou de l'administration de l'État.

Article 12 – *Droit au mariage*

À partir de l'âge nubile, l'homme et la femme ont le droit de se marier et de fonder une famille selon les lois nationales régissant l'exercice de ce droit.

Article 13 – *Droit à un recours effectif*

Toute personne dont les droits et libertés reconnus dans la présente Convention ont été violés, a droit à l'octroi d'un recours effectif devant une instance nationale, alors même que la violation aurait été commise par des personnes agissant dans l'exercice de leurs fonctions officielles.

Article 14 – *Interdiction de discrimination*

La jouissance des droits et libertés reconnus dans la présente Convention doit être assurée, sans distinction aucune, fondée notamment sur le sexe, la race, la couleur, la langue, la religion, les opinions politiques ou toutes autres opinions, l'origine nationale ou sociale, l'appartenance à une minorité nationale, la fortune, la naissance ou toute autre situation.

Article 15 – *Dérogation en cas d'état d'urgence*

1) En cas de guerre ou en cas d'autre danger public menaçant la vie de la nation, toute Haute Partie contractante peut prendre des mesures dérogeant aux obligations prévues par la présente Convention, dans la stricte mesure où la situation l'exige et à la condition que ces mesures ne soient pas en contradiction avec les autres obligations découlant du droit international.

2) La disposition précédente n'autorise aucune dérogation à l'article 2, sauf pour le cas de décès résultant d'actes licites de guerre, et aux articles 3, 4 (paragraphe 1) et 7.

3) Toute Haute Partie contractante qui exerce ce droit de dérogation tient le secrétaire général du Conseil de l'Europe pleinement informé des mesures prises et des motifs qui les ont inspirées. Elle doit également informer le secrétaire général du Conseil de l'Europe de la date à laquelle ces mesures ont cessé d'être en vigueur et les dispositions de la Convention reçoivent de nouveau pleine application.

Article 16 – *Restrictions à l'activité politique des étrangers*

Aucune des dispositions des articles 10, 11 et 14 ne peut être considérée comme interdisant aux Hautes Parties contractantes d'imposer des restrictions à l'activité politique des étrangers.

Article 17 – *Interdiction de l'abus de droit*

Aucune des dispositions de la présente Convention ne peut être interprétée comme impliquant pour un État, un groupement ou un individu, un droit quelconque de se livrer à une activité ou d'accomplir un acte visant à la destruction des droits ou libertés reconnus dans la présente Convention ou à des limitations plus amples de ces droits et libertés que celles prévues à ladite Convention.

Article 18 – *Limitation de l'usage des restrictions aux droits*

Les restrictions qui, aux termes de la présente Convention, sont apportées auxdits droits et libertés ne peuvent être appliquées que dans le but pour lequel elles ont été prévues.

Table

Cet ouvrage a été composé
Par Soft Office à Eybens (Isère)

Impression réalisée par
CPI France
en avril 2024
pour le compte des Éditions de l'Archipel
département éditorial
de la S.A.S. Écriture-Communication.

Pour plus d'information :

#lisez engagé !
www.lisez.com
Imprimé sur du papier issu de forêts gérées durablement.

Imprimé en France
N° d'impression : 179015
Dépôt légal : mai 2024